T0190763

El arte de cultivar
la atención

Juan Casiano

El arte de cultivar la atención

Un manual de sabiduría monástica
para la era de la distracción

Título original: *How to focus*
© Jamie Kreiner, 2024
© de la traducción del inglés y del latín, Jacinto Pariente, 2024
© Ediciones Kōan, s.l., 2024
c/ Mar Tirrena, 5, 08912 Badalona
www.koanlibros.com • info@koanlibros.com
ISBN: 978-84-18223-89-1 • Depósito legal: B-21689-2023
Diseño de cubiertas de colección: Claudia Burbano de Lara
Maquetación: Cuqui Puig
Impresión y encuadernación: Liberdúplex
Impreso en España / *Printed in Spain*

1ª edición, febrero de 2024

ÍNDICE

INTRODUCCIÓN

La distracción no es un problema nuevo vinculado a la tecnología. Es algo con lo que el ser humano lleva lidiando desde hace siglos, incluso en la época en la que el libro era una herramienta nueva y se consultaba la hora en el «reloj» del sol. No somos los primeros en quejarnos de lo difícil que es concentrarse ni en predicar sobre el tema. Los monjes cristianos de finales del Imperio romano (de Occidente) nos llevan ventaja. Su labor requería una gran concentración, por lo que eran por completo conscientes de lo difícil que es dominarla.[1]

Como para muchos de sus contemporáneos, la actividad que definía y al mismo tiempo confería identidad a los monjes era la cognición.[2] Por lo tanto, pensar acerca de la manera de concentrarse equivalía a pensar acerca de quién era y cómo vivía la persona pensante. Los monjes de la Antigüedad tardía deseaban consagrar la vida y la atención a Dios y a sus obligaciones éticas dentro de un universo divinamente ordenado.

El problema era que la mente (como el yo) es resbaladiza por naturaleza. Juan Casiano, cuyas ideas sobre el hecho de pensar han influido en cientos de monjes, escribió allá por la década del 420 d. C. que la mente «se ve zarandeada por toda clase de distracciones». Rebusca en el pasado en lugar de fijarse en el presente. Piensa en la cena cuando debe concentrarse en un salmo. Se deja llevar peligrosamente por los estímulos. Se queda dormida durante la plegaria nocturna. Se pregunta por la hora cuando debe estar concentrada en la lectura.

Muchos monjes de la época culpaban de sus lapsus a los demonios[3] que pululaban a su alrededor, incordiándolos con ideas que podían llegar a ser muy nocivas si no se cortaban de raíz. Casiano acepta que los demonios son parte del problema, pero también está convencido de que la distracción es una condición humana que se aplaca disciplinando la mente, lo cual requiere examinar y reestructurar los elementos conceptuales, emocionales, somáticos y sociales que se entremezclan en la actividad mental de los monjes. El objetivo de buena parte de las *Colaciones*, palabra que significa «consulta», «conversación» o «conferencia», es educar a los monjes en ese campo. En palabras del historiador y monje Columba Stewart, «la concentración es el problema práctico más importante de la teología monástica de Casiano».[4] Aunque muchos de los elementos de la antropología y la cosmología de la Antigüedad tardía de Casiano tienen poco que ver con nuestra concepción del raciocinio, compartimos con él el afán por combatir la distracción y concentrarnos en lo esencial. Casiano, experto en la materia que ha logrado la concentración tantas veces como ha fracasado en el intento, nos ofrece una serie de consejos más empáticos y a la vez más sofisticados de lo que estamos acostumbrados.

El monje Juan Casiano vivió en el Imperio romano entre los siglos IV y V de la era cristiana.[5] Es una época relativamente temprana en la historia de los monasterios cristianos. Casiano nació en 360 y formó parte de la generación que viajó a Egipto y el Levante para aprender de los primeros monjes, que eran de la edad de sus padres y abuelos. Las narraciones de aquellos encuentros que nos han dejado Casiano y otros autores dieron renombre internacional a los padres y madres del movimiento monástico cristiano. El propio Casiano ha acabado formando parte del canon junto a sus modelos personales: aparece brevemente en los famosísimos *Apophthegmata patrum* o *Apotegmas de los Padres del desierto*, una colección de dichos e historias que circuló durante siglos por Mesopotamia (Siria e Irak), el Mediterráneo y Europa.[6]

No se sabe con certeza en qué lugar del imperio nació Casiano, pero sí que ingresó en su primer monasterio en Belén, cuando rondaba los veinte años, junto a su íntimo amigo Germán. Desde allí, pusieron rumbo a Scetis, la moderna Uadi Natrun, y otras comunidades monásticas del delta del Nilo, donde pasaron cerca de quince años conversando y aprendiendo de los viejos monjes con la esperanza de mejorar su propia disciplina. Cuando en el movimiento monástico egipcio cundió la discordia a causa de las enseñanzas de Evagrio, un monje que influyó mucho en nuestro autor, aunque no llegaron a conocerse en persona, Casiano y Germán huyeron a Constantinopla, donde entraron al servicio del arzobispo de la ciudad, Juan Crisóstomo. Sin embargo, también Crisóstomo era un personaje polémico, y cuando perdió el cargo pocos años después y tuvo que exiliarse, Casiano y Germán viajaron a Roma para defenderlo. Los historiadores ignoran qué fue de Germán después de aquello, pero sí saben que Casiano se instaló en el sur de la Galia alrededor de 410, cuando rondaba los cincuenta años. No se trataba de un tranquilo retiro en provincias. Las autoridades de la región, tanto las imperiales como las locales, se enfrentaban desde hacía varias décadas a una fuerte oposición. Casiano descubrió que los cristianos de la zona, en especial los más ricos e influyentes, estaban deseosos de conocer lo que había aprendido en Egipto, pues necesitaban ejemplos morales y modelos fidedignos de liderazgo. Así, durante la década del 420 puso por escrito las conversaciones más memorables que había mantenido con Germán y con los maestros egipcios y describió una forma de vida ética y vivida día a día que reconciliaba al lector con su propia mente, propensa al error y siempre en movimiento. Lo titularía *Colaciones*.

Dada la enorme cantidad de modelos monásticos y autoridades espirituales de la época, resulta sorprendente que tanto las *Colaciones* como la otra obra de Casiano, *De institutis coenobiorum* (las *Instituciones cenobíticas*), más conocida como *Instituciones*, hayan llegado a ser tan influyentes. Un hagiógrafo afirma que los escritos de Casiano inspiraron a Fulgencio, un joven abad norteafricano, que se embarcó hacia Egipto a finales del siglo v con el objeto de conocer a los monjes a los que ya consideraba sus «padres». Sin embargo, Fulgencio nunca llegó a Egipto: durante una cena con el obispo de Siracusa, habló de Casiano con tanto apasionamiento que aquel lo persuadió para que se quedara en Sicilia. Otro hagiógrafo cuenta que, a finales del siglo VI, el abad Juan de Réome se ganó el respeto de los poderosos de la Galia, entre otras cosas, porque meditaba a menudo sobre las *Instituciones* y las *Colaciones*, sobre todo los pasajes en los que aparece el abad Isaac, para mantener la atención. Por su parte, la *Regla benedictina*, el texto latino fundamental en la vida monástica europea, recomienda la lectura de la obra de Casiano y aconseja a los monjes escuchar las *Colaciones* después de la cena y durante los ayunos, momentos en los que la mente necesita algo estimulante pero no excitante.[7]

Estos son solo uno cuantos ejemplos. Aunque en ciertos círculos la obra de Casiano desató cierta polémica, tuvo muchos lectores y admiradores. Su énfasis en que la disciplina (de conducta, social y racional) es una práctica de por vida que nos ayuda a vivir con ética ha dejado huella no solo en la vida monacal sino en el propio cristianismo. Dicho esto, conviene señalar que ciertos aspectos de la obra de Casiano nunca entraron en las corrientes principales de la psicología medieval y resultan tan sorprendentes hoy como lo fueron en el siglo v.[8]

LA ATENCIÓN EN LAS *COLACIONES*

Una de las preocupaciones centrales de las *Colaciones* es el arte de la concentración. Es un arte que requiere numerosas prácticas entrelazadas, y las diversas metáforas que Casiano y sus interlocutores despliegan reflejan su sentido de la práctica monástica como un sistema multifacético de entrenamiento. La distracción no tiene una única solución. Al igual que los soldados, los monjes practican la disciplina para respetar las cadenas de mando y las normas de grupo que pueden sostenerlos en combate. Cultivan el cuerpo como los atletas. Como los artesanos, perfeccionan las habilidades que eran esenciales para su oficio, en su caso, la lectura, la memoria y, sobre todo, la observación del corazón y la mente. Esa forma de educación era necesaria porque el crecimiento espiritual del monje dependía de la existencia de relaciones funcionales entre el yo y la comunidad, la mente y el cuerpo, la técnica y la reflexión. Concentrarse en lo divino no se conseguía simplemente decidiendo pensar con más profundidad, porque la mente de un monje se veía afectada por el mundo en el que estaba inmersa, por las fluctuantes limitaciones de las relaciones sociales, las obligaciones, las capacidades físicas, los estados emocionales, el conocimiento, las percepciones y los hábitos. La formación en diversos campos era una necesidad tanto ética como psicológica.

Las prácticas que hoy reconocemos como elementos característicos del monacato cristiano eran para Casiano parte esencial de aquel complejo sistema cognitivo. Renunciar a la propiedad y la familia, unirse a una comunidad de practicantes afines, el celibato o la frugalidad eran estrategias para restar el máximo peso posible a lo banal con el fin de acercar la mente a Dios. Sin embargo, Casiano también recomendaba formas de disciplina mental accesibles incluso para los que no somos monjes, por ejemplo, adoptar ciertos hábitos metacognitivos más que hacer grandes cambios de vida. Dichos hábitos son el objeto de la presente traducción, pero para Casiano eran solo una parte del arte de la concentración.

El autor también insistía en que la atención no es tanto un logro como una práctica de por vida. Incluso el monje más experimentado tenía que vérselas con la distracción de vez en cuando. El esfuerzo nunca termina, pero las recompensas pueden ser exquisitas, sobre todo lo que para Casiano era la forma consumada de la atención: la plegaria ardiente. Un monje que en estado de oración ardiente no solo estaba concentrado en Dios, sino que estaba tan absorto en la experiencia, tan abrumado por la sensación espiritual, que su mente era incapaz de descomponer la experiencia en fragmentos más comprensibles y reducidos.

Era lo más cerca que un monje podía estar de un yo sin distracciones.

Sin embargo, antes de sumergirse en esa profunda forma de atención, Casiano comienza con algo más sencillo. Su tratado (y esta traducción) comienza con unas páginas orientativas, cortesía nada menos que del abad Moisés, que les dice a él y a Germán que, como cualquiera que se propone adquirir una habilidad, deberán fijarse objetivos a corto y a largo plazo. De lo contrario, serán víctimas de la distracción: sin una meta a la que dirigir los pasos, la mente se perderá en eternos derroteros sin darse cuenta.

Casiano y Germán sabían cuál era exactamente su objetivo último: el reino de Dios, tanto en el sentido de alcanzar la salvación como en el de lograr una alineación interior con una serie de valores espirituales en el presente. Moisés ayuda a los dos amigos a identificar un objetivo más próximo gracias al cual lograrán su meta: la lucidez de corazón, el estado en el que el monje no se deja llevar por las interferencias del yo. Con esos objetivos, los monjes pueden trazar un mapa del trayecto al que recurrir cuando se extravíen.

Al fin y al cabo, la mente nunca es del todo capaz de evitar las distracciones e interferencias. Sin embargo, sí puede ser selectiva respecto de los pensamientos que le saldrán al paso o que generará por el camino, para seguir los que son coherentes con sus objetivos e ignorar los que no lo son. No podemos detener la actividad de nuestra mente, pero podemos darle cosas mejores o peores en las que pensar.

Pero incluso con un mapa en su poder, los monjes seguirán batallando. La selección del libro 7 de las *Colaciones* trata el tema de la frustración. Casiano y Germán se desahogan con el abad Sereno: después de tanto tiempo en el desierto, lo único que parecen haber conseguido es una comprensión más profunda de su propia incapacidad de concentrarse. Cuando sienten que avanzan hacia la meta, la mente se extravía con innumerables distracciones cotidianas, para de pronto volver a lo que se supone que debían estar pensando, y perderse de nuevo. El abad Sereno interrumpe las quejas cuando Germán comenta que la concentración nada tiene que ver con el autocontrol. La mente es inquieta por naturaleza, concede, pero nosotros decidimos adónde va y qué piensa. Lo único que los dos monjes necesitan es más entrenamiento.

En los libros 9 y 10, a menudo considerados el punto álgido de las *Colaciones*, el abad Isaac enseña a Casiano y Germán cómo alcanzar el estado de atención total, específicamente la concentración en la oración, pues, como les señala, en ocasiones nos concentramos en lo que no debemos.[9]

Aunque hay infinitas maneras de orar, según quién lo haga y del estado en que se encuentre su mente en ese momento particular, los monjes están interesados sobre todo en la experiencia de la plegaria ardiente, ese estado en el que se pierde el contacto con el mundo exterior y la mente se ilumina y vierte los pensamientos en un potente flujo (aunque el concepto moderno de flujo se lo debemos al psicólogo húngaro Mihaly Csikszentmihalyi, la metáfora del flujo como manera de describir el pensamiento atento y absorbente es habitual en la prosa de Casiano).[10] Según el abad Isaac, lo que posibilita este estado mental es un sentimiento genuino por el objeto en cuestión, más que una implicación superficial con él. Casi cualquier cosa puede catalizar este sentimiento, pero no se puede fingir, y en todos los casos la condición previa necesaria es la serenidad y la lucidez de corazón.

A pesar de todo, Germán y Casiano no quedan satisfechos con este consejo general. Desean un método particular en el que puedan confiar sin ambages y que les conduzca a experimentar la atención total en lugar de verse una y otra vez desviados por la distracción y tener que luchar para concentrarse de nuevo. Isaac les propone aprender de memoria una sencilla frase, un versículo de los Salmos en el que se pide ayuda a Dios, y repetirla todo el día a modo de mantra o frase mnemotécnica, no solo cuando se disponen a meditar, sino *todo el tiempo*. Este mantra es una especie de dosis regular de sabiduría que les recuerda sus prioridades y objetivos, así como un compañero constante, algo en lo que apoyarse en los muchos momentos de debilidad a los que debe enfrentarse un monje. Sin embargo, para Germán no es suficiente. El problema empieza a ser un círculo vicioso. ¿Cómo aferrarse al versículo en cuestión?

El enfoque del abad Nesteros es diferente. Aconseja a los dos monjes leer y recitar todo el tiempo los textos sagrados que han escogido, lo cual no solo les mantendrá la mente ocupada, sino que también la colmará de imágenes transformadoras que desalojarán los pensamientos no deseados, los recuerdos inútiles e incluso las fábulas y canciones que aprendieron de niños. Limpiar la mente y dejarla en blanco es imposible, afirma Nesteros. Hay que sustituir esas vívidas imágenes e ideas por otras que nos permitan avanzar. Hay que imaginar la mente como un fresco y tranquilo santuario que nos dará acceso a Dios. Guarda en esa caja fuerte cosas que atesoras y, con el tiempo, rebosará de pensamientos que realmente quieres estar pensando.

En los dos últimos libros de las *Colaciones*, los abades Theonas y Abraham dirigen unas últimas palabras de ánimo y advertencia a Casiano y Germán, que aún luchan por no perder la concentración. Nadie puede experimentar lo divino de forma permanente, les asegura Theonas. La mente está destinada a resbalar y caer. Pero hay que tomarse el desafío en serio. Piensa en ti mismo como un equilibrista, con la cuerda tensa entre tú y Dios. Tienes que tener miedo de caer: ¡esto te ayudará a tomarte en serio la concentración!

Germán sugiere a Abraham que quizá la mejor manera de concentrarse sea volver a casa. Sería más fácil evitar las distracciones si no tuviera que preocuparse por ganarse la vida ni atender a tantas visitas. De ninguna manera, responde Abraham. La idea de que puedes escapar a algún lugar aún más remoto o tranquilo es una fantasía vana. Siempre habrá personas que nos distraigan, responsabilidades que nos mantengan ocupados y ocasiones que nos hagan reconsiderar las decisiones que ya hemos tomado En lugar de renunciar a un modo de vida que generaciones de monjes y monjas han perfeccionado para facilitar la concentración, lo que hay que hacer es ver esas pequeñas interrupciones o desafíos como descansos productivos. De lo contrario, hasta la mente más atenta acabará fallando.

Entre la época actual y la Antigüedad tardía hay un abismo, pero Casiano formó parte de una subcultura analítica y entusiasta que habla de batallas que tenemos en común. Nos distraemos con la misma facilidad que los primeros monjes cristianos y, como ellos, deseamos no hacerlo. Mil seiscientos años después, estas conversaciones todavía tienen cosas que enseñarnos. Casiano y sus interlocutores son a la vez estrictos y empáticos porque están convencidos de que, aunque es imposible controlarla por completo, la mente se puede fortalecer.

NOTAS A LA SELECCIÓN
Y LA TRADUCCIÓN

Las *Colaciones* se componen de veinticuatro conferencias (unas 900 páginas). Los fragmentos de esta antología proceden de siete de ellas y no llegan al 10 % del total de la obra, de modo que, aunque la presente edición contiene solo una minúscula parte de lo que Casiano ofrece a sus lectores.[11] Sigue, sin embargo, un método innegablemente premoderno: recoger extractos de textos valiosos y reunirlos en breviarios o antologías era una práctica común en la cultura libresca de la Antigüedad tardía y la Edad Media. Era una manera de aprovechar los conocimientos y las tradiciones de las generaciones previas, y al mismo tiempo, transformarlos, como el giro de un caleidoscopio, en algo diferente. Por medio de la selección y la reorganización, lo antiguo se renovaba, ofreciendo nuevas perspectivas que responden a las preguntas y preocupaciones de públicos diferentes. Sin duda, la obra de Casiano pasó por este proceso. Los compiladores y antólogos de las *Colaciones* comenzaron su labor poco después de que el autor concluyera la obra, e incluso su entusiasta público monacal las leía de manera selectiva. Un ejemplo de ello es el abad Eugipio de Castellum Lucullanum (a las afueras de Nápoles), que en el siglo VI redactó una regla monástica en la que incluyó dos fragmentos de las *Colaciones* en los que se subraya la importancia de que los monjes mantengan la mente alerta para identificar los pensamientos sexuales antes de que los exciten. Por eso, aunque mi lectura selectiva de Casiano responda a los intereses de hoy en día, también es una continuación de prácticas textuales de hace más de mil años.[12]

Esta edición combina lo moderno y lo premoderno de un modo aún más esencial en su intento de tender un puente entre el latín del siglo V y las formas de expresión del XXI. Casiano y los monjes del Egipto de la Antigüedad tardía desarrollaron una cultura cognitiva que al público de hoy le resulta tan propia como ajena. Mi intención era que la presente traducción le presentara aquel mundo, lo hiciera inteligible y mostrara sus agudos análisis sobre el funcionamiento de la mente.[13] Eso implicaba relajar la lengua de la traducción de forma que reflejara mejor la sinceridad y la perseverancia de los personajes que lo sinuoso y contenido de su característica forma de expresión en latín, que les restaría naturalidad. También he querido que los monjes no perdieran su excentricidad, en parte porque ellos mismos eran muy conscientes de lo contracultural de la obra, pero también porque las actitudes de aquella época no son del todo comprensibles en esta.[14]

Casiano sabía bien que cualquier traducción es tan insuficiente como reveladora. Cuando conversa con el abad Moisés y el abad Isaac, señala diferencias sutiles entre los pasajes bíblicos griegos y latinos. El resultado de la comparación es una comprensión más precisa de conceptos que el latín no es capaz de transmitir.[15] Pero esto no lleva a Casiano a la conclusión de que la traducción es demasiado engañosa para que merezca la pena emprenderla. Después de todo, las *Colaciones* dependen de ella. Los Padres del Desierto egipcios a los que Casiano y Germán consultaron hablaban sobre todo en copto, que un intérprete tradujo al griego para beneficio de sus huéspedes. Más tarde, Casiano vertería aquellos encuentros al latín, la lengua materna de sus lectores del sur de la Galia.[16]

Una última observación sobre la presente traducción. En lo tocante a ciertos términos clave de la obra de Casiano, he preferido dejar de lado las elecciones léxicas más habituales, que tienden a distorsionar nuestra comprensión del texto original. Por ejemplo, la traducción habitual del sustantivo *vitium* es «vicio», una palabra que llega a nosotros con siglos de asociaciones doctrinales ajenas al momento en que Casiano redactó la obra. Para él el significado de la palabra era más bien «debilidad» o «vulnerabilidad». Lo mismo sucede con *virtus*, que traducida por «virtud» queda más bien plana y pierde el sentido de la mezcla de masculinidad, fuerza y forma física con la que los monjes lograrían perseverar en sus objetivos. *Passio* es a menudo «pasión», pero el pedigrí dogmático de esa palabra no transmite el peso de las reacciones explosivas que Casiano trataba de comprender y dominar.[17] La *discretio* no era tanto la «discreción» (en el sentido actual de «tacto» o «prudencia») como el término técnico para aludir al análisis detectivesco de los pensamientos que los monjes debían llevar a cabo con el fin de identificar las peligrosas distracciones. He traducido *puritas cordis*, por lo general «pureza de corazón», como «lucidez» o «serenidad de corazón», para subrayar el enfoque psicológico de la espiritualidad de Casiano. El término era su interpretación de *apatheia* o desapego de lo emocional, un concepto de la ética estoica fundamental para la práctica monástica, según Evagrio, el maestro de Casiano. *Apatheia* era ya una palabra controvertida en tiempos de Casiano, pues, para ciertos eruditos, utilizarla implicaba que era posible controlar el ego sin ayuda de Dios. Casiano propone el corazón a modo de puente: el corazón lúcido, sereno y estable equivale a un acto de compromiso o amor total que permite a la mente acercarse a lo divino.[18] He mencionado tan solo unos cuantos ejemplos evidentes de cómo la traducción tradicional resta potencia al término original. Las *Colaciones* son un texto investigativo y experimental, así que en estas páginas he intentado reflejar su actitud curiosa.

EL ARTE DE CULTIVAR
LA ATENCIÓN

LOS OBJETIVOS

CASIANO Y GERMÁN CONVERSAN CON EL ABAD MOISÉS DE SCETIS

[1.1] El desierto de Scetis era la morada de los ancianos más curtidos en los asuntos de la vida monástica y el escenario de sus muchos y muy perfectos logros. De todas las extraordinarias flores que habitaban en él, el abad Moisés era la más fragante, tanto por sus dotes para la contemplación como por el ejemplo que daba con su vida cotidiana.

El piadoso abad Germán y yo fuimos a su encuentro porque deseábamos aprender de él. Germán y yo nos ordenamos juntos en la milicia espiritual y terminamos la instrucción básica a la par. Desde entonces fuimos inseparables, tanto en las comunidades monásticas como en las ermitas del desierto, hasta el punto de que para expresar la intimidad y el compañerismo que nos unía, se decía que éramos dos cuerpos con un solo espíritu y un mismo corazón.

Allí estábamos los dos, derramando lágrimas[19] y suplicando al abad Moisés que nos iluminara con su sabiduría. Sabíamos que era inflexible y solo accedía a abrir las puertas de la perfección a quienes la deseaban con corazón anhelante y la buscaban con ánimo sincero. Y es que abrírselas a quienes no estaban preparados o la buscaban sin afán lo hubiera llevado a desvelar secretos importantes —que solo deben conocer quienes persiguen la perfección— a personas indignas e incapaces de valorarlos, lo cual hubiese equivalido a pecar de jactancia y a comportarse como un traidor.

[1.2.1] «Todo oficio y toda disciplina tiene un *scopos* y un *telos*, es decir, un objetivo inmediato y un fin último», dijo conmovido por nuestras súplicas. «Quienes viven de un oficio los tienen siempre presentes y así afrontan con ánimo alegre las adversidades, los peligros y los errores.[20]

»Tomad como ejemplo al campesino. Labra la dura tierra sin descanso día tras día y no lo doblegan los abrasadores rayos del sol ni el granizo y la escarcha. Todo lo soporta con la mente fija en el objetivo inmediato, que es eliminar los abrojos y las malas hierbas y dejar la tierra blanda y suelta. Sabe que solo así logrará su fin último: una abundante cosecha de grano con la que vivir con desahogo o incluso aumentar su patrimonio. [1.2.2] Cuando los víveres comiencen a escasear, lo veréis vaciar los graneros y confiar el grano a los surcos, de sol a sol. No se preocupa por la escasez de hoy, pues confía en la cosecha de mañana.

»Pensad también en los comerciantes, que no temen los peligros del mar y se enfrentan a todo con el ánimo puesto en el objetivo último, que no es otro que el deseo de enriquecerse.

»A quienes escogen la carrera militar los mueve la ambición. Con la mira puesta en el objetivo último de acaparar honores y alzarse con el poder, no se paran a pensar en los peligros y las mil muertes de la guerra. Mientras puedan imaginar la gloria futura, no temen a la derrota ni a las batallas del presente.

[1.2.3] »Nuestro oficio también tiene un objetivo inmediato y un fin último al que consagramos nuestros esfuerzos con perseverancia e incluso diría que con entusiasmo. Por él no nos fatiga el ayuno, por él nos agrada la vigilia, por él no nos cansamos de leer las Escrituras y de meditar sobre ellas, por él no nos amedrenta el trabajo incesante, la desnudez, las privaciones y este cruel y solitario desierto y, sin duda, por él habéis sacrificado el amor de la familia, abandonado la patria, despreciado los placeres terrenales y atravesado el mundo para venir a verme a mí, que soy un anciano rudo e ignorante que vive retirado en la desolación de estos desiertos. ¿Cuál es vuestro objetivo inmediato? ¿Cuál vuestro fin último? ¿Qué os mueve a soportar de buen grado tantas privaciones?»

[1.3] Viendo que esperaba una respuesta, dijimos que estábamos dispuestos a sufrir cuanto fuera necesario con tal de alcanzar el reino de los cielos.

[1.4.1] «¡Bien dicho! —exclamó—. Habéis identificado el fin último con toda exactitud. Sin embargo, debéis identificar también el *scopos*, es decir, el objetivo inmediato, que es aquello que perseguimos todo el tiempo y que nos permite alcanzar el fin último.»

No nos quedó más remedio que admitir que no lo sabíamos.

«Como os decía antes, cada oficio y cada disciplina tiene un *scopos* característico que marca el camino. Pensad en él como una meta a corto plazo para el alma, una especie de atención mental permanente. Tenéis que concentraros en él con todas vuestras fuerzas y ser perseverantes, pues de lo contrario no lograréis el fin último, ni obtendréis la recompensa que con tanto afán perseguís.

[1.4.2] »Volviendo a los ejemplos de antes, el fin último del labrador es la prosperidad, por eso lo vemos todo el día en los campos, enfocado en el objetivo inmediato, que es limpiar la tierra de zarzas y malas hierbas. Sabe que si es holgazán no conseguirá la prosperidad y el bienestar, su fin último, y que solo logrará lo que desea mediante el trabajo duro y la esperanza.

»Lo mismo sucede con el comerciante. Nunca deja de adquirir nueva mercancía y aumenta su hacienda gracias a la perseverancia. Codiciar la riqueza sin conocer el camino que conduce a ella no le serviría de nada.

»Lo primero que hacen quienes persiguen los honores terrenales es decidir a qué cargo o carrera quieren consagrarse, y después concentrar en ello todos sus esfuerzos y esperanzas, para de ese modo alcanzar el fin último, es decir, la dignidad que tanto ansían.

[1.4.3] »De la misma manera, en lo que se refiere a nuestro propio camino, el fin último es el reino de Dios. Sin embargo, debemos analizar cuidadosamente cuál es el *scopos* o el medio. Si no lo descubrimos, como hacen lo demás, corremos el riesgo de malgastar fuerzas inútilmente. Quien viaja sin tener claro el camino no llega a ninguna parte.»

Ante la admiración que nos causaban sus palabras, continuó así:

«Como ya sabéis, el fin último de nuestro oficio es el reino de Dios. Ahora bien, nuestro objetivo inmediato, nuestro *scopos*, es la lucidez o serenidad de corazón,[21] sin la cual es imposible alcanzarlo.

[1.4.4] »Así que deberíamos navegar con la vista fija en el objetivo inmediato, como si estuviéramos avanzando por una vía recta perfectamente trazada. Y si el pensamiento se desvía, aunque solo sea un poco, volveremos a ella cuanto antes, como si dispusiéramos de una regla rectísima que concentrara nuestra determinación en un único punto y nos avisara de inmediato cuando la mente se aparta del rumbo establecido.

[1.5.1] »Pensad en los arqueros. Cuando exhiben su destreza ante un gran rey, disparan dardos y flechas contra pequeñas dianas que llevan escrito el premio correspondiente. Saben que la única manera de obtener ese premio, el fin último, es tener la vista fija en el blanco, su objetivo inmediato.

»Pero si les quitamos la diana de la vista, no son capaces de saber cuánto han errado el tiro, porque carecen de referencias que les muestren si la flecha ha caído cerca o lejos del blanco. Y así, disparan al aire inútilmente, sin poder afinar la puntería porque les faltan señales que indiquen cuánto se han alejado del blanco. Si tu ojo no sabe dónde hacia dónde mirar, no sirve para ajustar el tiro.

[1.5.2] »Así, el fin último de nuestro oficio es la vida eterna y su objetivo inmediato o *scopos* es la lucidez de corazón, a la que san Pablo llama santidad con mucho acierto cuando dice "tenéis por fruto la santidad y por fin la vida eterna". El *scopos* es aquí la lucidez de corazón, y la palabra con la que se refiere a ella es *santidad*, y por una buena razón. Sin la lucidez del corazón, el fin último sería inalcanzable. Es como si hubiese dicho en muchas palabras "vuestro *scopos* es la lucidez de corazón, y vuestro fin último, la vida eterna". De hecho, el bendito apóstol utiliza el mismo término en otro lugar para explicar cuál es el objetivo inmediato, cuando dice: "olvidando lo que queda atrás, me lanzo hacia lo que está por delante y corro hacia la meta, hacia el premio de la suprema llamada de Dios".

[1.5.3] »La referencia se percibe mejor en el original griego, donde dice *kata skopon diōkō*, "corro hacia el fin inmediato", que significa "persigo el objetivo inmediato, olvidando lo pasado, es decir, las debilidades de la persona que fui, y me lanzo hacia el fin último de la recompensa celestial".[22]

»Por lo tanto, pongamos todo nuestro empeño en aquellas cosas que nos orientan hacia este objetivo inmediato, la serenidad y lucidez de corazón, y consideremos destructivo y tóxico todo lo que nos aparte de ella. Procuremos que la lucidez de corazón sea la razón de ser de todos nuestros actos. Es por su causa que dejamos de lado la familia, la patria, los honores, la riqueza terrenal y los placeres de toda clase, todo con el fin de mantener siempre la lucidez del corazón.

[1.5.4] »Si tenemos presente esta meta de manera constante, antes o después, los pensamientos fluirán hacia ella por el camino más corto, pero si nuestra atención decae, el esfuerzo será inútil. Por si fuera poco, se apoderarán de nosotros miles de pensamientos contradictorios, porque cuando la mente carece de centro al que retornar, se ve inevitablemente zarandeada a cada momento por todo tipo de distracciones y corre detrás del primer estímulo externo con el que se cruza.

[1.6.1] »Esto es lo que lleva a muchos de los que han renunciado a las riquezas y las propiedades a perder los estribos por un estilo, un lápiz, una aguja o una pluma.[23] Si se esforzaran por mantener la lucidez y la serenidad de corazón, no se alterarían por semejantes trivialidades, sobre todo después de haber renunciado a tantos bienes valiosos para no tener que sufrir por ellos. [1.6.2] Hay mucha gente que guarda un libro con tanto celo que no soporta que nadie lo lea y mucho menos que lo toque. Con ello, en lugar de beneficiarse de los frutos de la cortesía y la caridad, cultivan el desasosiego y la muerte. Puede que hayan repartido sus bienes por amor a Cristo, pero no se han desprendido de las viejas querencias del corazón por las naderías y se enfurecen por ellas como quien, careciendo de caridad apostólica, vive estéril e improductivo. San Pablo ya previó esta flaqueza cuando dijo "y si doy en limosna cuanto tengo y entrego mi cuerpo a las llamas, pero no tengo caridad, de nada me sirve". [1.6.3] Prueba irrefutable de que la perfección no se consigue solo despojándose de lo material, renunciando a la riqueza y despreciando los honores. Eso no sirve de nada sin la caridad de la que habla el Apóstol, que es una manifestación del amor que solo profesa quien tiene serenidad de corazón. Después de todo, ¿qué es no ser envidioso, no ser jactancioso, no ser iracundo, no ser egoísta, no complacerse en lo malo, no pensar mal del prójimo, sino ofrecer a Dios un corazón lúcido y sereno, despojado de toda agitación?

[1.7.1] »Nuestros actos y nuestras aspiraciones deben tener por objetivo inmediato la lucidez de corazón. Por ella viviremos en soledad, por ella soportaremos el ayuno, la vigilia, el trabajo duro, la desnudez, por ella nos entregaremos al estudio y a la práctica de las virtudes. Por ella educaremos el corazón y lo mantendremos a salvo de las pasiones tóxicas[24] y ascenderemos paso a paso hasta la perfección del amor. Y si tenemos que acometer una tarea necesaria y urgente que interfiere con la observancia de este estricto régimen de vida dirigido a dominar las pasiones, no nos permitiremos sucumbir a la impaciencia, la ira o la tristeza. [1.7.2] Tened en cuenta que lo que se pierde a causa de la ira es más que lo que se gana con el ayuno, y que el daño que producimos al negar ayuda a un hermano es mayor que el beneficio que sacamos del estudio. El ayuno, la vigilia, la soledad, el retiro y la meditación sobre las Escrituras son prácticas dirigidas a lograr el objetivo inmediato, la lucidez de corazón, que es el amor. No perjudiquemos esta fuente de energía fundamental por un simple ejercicio de disciplina. Mientras la conservemos intacta, saltarnos de vez en cuando alguna práctica accesoria no nos perjudicará. De nada nos serviría disciplinarnos con severidad si olvidamos la razón fundamental por la que lo hacemos.

[1.7.3] »La gente no se procura las herramientas de su oficio solo por el hecho de tenerlas, es decir, porque el beneficio que se espera obtener de ellas provenga del simple hecho de poseerlas, sino porque utilizándolas se adquiere destreza y se consigue el fin último del oficio para el que se han fabricado. De igual manera, el ayuno, la vigilia, la meditación sobre las Escrituras, la desnudez y la absoluta renuncia a la riqueza no son en sí mismas la perfección, sino sus instrumentos: no son el fin último de nuestra disciplina, sino el *medio* para lograrlo.

[1.7.4] »Quien se entrega a estas prácticas poniendo en ellas la atención del corazón en lugar de ponerlo en alcanzar el fin último, que es para lo que sirven, se empeña en vano. Sin duda, posee los instrumentos del oficio, pero se esfuerza y malgasta energía porque ignora qué es ese fin último por el que merece la pena cualquier esfuerzo. En conclusión, evitad y considerad pernicioso lo que perturbe la lucidez y la serenidad de corazón, por muy útil o valioso que parezca. Esta regla os permitirá corregir el extravío que producen las distracciones y los errores y llegar a la meta deseada por el camino recto».

EN OTRO MOMENTO DE LA CONVERSACIÓN CON EL ABAD MOISÉS

[1.16] Preguntó Germán: «¿Por qué sucede que, a nuestro pesar y sin darnos cuenta, se nos filtran sigilosamente pensamientos inútiles, que son casi imposibles de identificar, ni hablemos de rechazar? ¿Dejarán de atacarnos algún día estas ilusiones?».

[1.17.1] «Es imposible que a la mente no la atosiguen los pensamientos, pero quien se lo propone puede aceptarlos o rechazarlos —respondió Moisés—. Aunque no podemos controlar que surjan, aceptarlos o expulsarlos depende de nosotros. Ahora bien, a pesar de que os he dicho que es imposible que a la mente no la asalten mil pensamientos, no debéis culpar de todo a la violencia de sus ataques o a los demonios que tratan de implantárnoslos, pues eso sería aceptar que el ser humano no tiene libre albedrío ni capacidad de mejorar.[25] [1.17.2] Por el contrario, os aseguro que la naturaleza de los pensamientos (ya sean divinos y espirituales, ya sean carnales y terrenales) depende en gran medida de nosotros. Si los monjes dedicamos tanto tiempo a la lectura y meditación de las Escrituras es precisamente para hacer acopio de recuerdos espirituales a los que recurrir cuando haga falta. Si cantamos los salmos una y otra vez es para que el agudo dolor de la conciencia nos sirva de estímulo. Si oramos, ayunamos y hacemos vigilias de continuo es para que la mente se expanda y dirija la mirada a lo divino en lugar de distraerse con lo mundano. En cambio, cuando la desidia se adueña de nosotros y abandonamos estas prácticas, es inevitable que la mente se vea entorpecida por sus debilidades, no tarde en inclinarse por lo carnal y se derrumbe.

[1.18.1] »Por eso es tan acertada la comparación de la mente con la piedra de molino, que gira movida por el flujo del agua. Mientras el agua la impulse, la piedra no puede dejar de girar. Sin embargo, el molinero es quien decide si molerá trigo, centeno o bien la perniciosa cizaña.[26] Evidentemente, la rueda molerá lo que le manden.

[1.18.2] »La mente es igual. El brioso torrente de la vida terrenal la inunda y la corriente continua de los pensamientos la pone en movimiento. Cuáles aceptará y cuáles rechazará depende del esfuerzo consciente y diligente de la persona. Si, como decía antes, meditamos continuamente sobre las Sagradas Escrituras y evocamos recuerdos elevados y espirituales, el anhelo de perfección y la esperanza en la dicha futura mantendrá nuestra mente ocupada de manera natural con asuntos divinos nacidos de la meditación. [1.18.3] Por el contrario, si por desidia y negligencia nos distraemos con conversaciones estériles y nos enredamos en preocupaciones superfluas, será como si le echáramos cizaña a la rueda del molino. Pues como dijo nuestro Señor, allí donde esté el tesoro de tus obras y tu atención, allí estará también tu corazón.»

LA FRUSTRACIÓN

CASIANO Y GERMÁN CONSULTAN AL ABAD SERENO DE SCETIS

[7.3.1] «Tú crees que después de tanto tiempo de llevar una vida retirada ya deberíamos haber alcanzado la perfección del hombre interior.[27] En realidad, este tiempo nos ha ayudado a identificar lo que no somos capaces de conseguir, pero no a conseguirlo —dijo Germán—. El conocimiento no nos ha proporcionado la lucidez que con tanto empeño perseguimos. Solo nos ha traído más confusión y vergüenza.

[7.3.2] »El objetivo inmediato de cualquier disciplina es ascender desde las nociones más básicas hasta un dominio firme y consistente de la disciplina por medio de la práctica diaria. Aquello que al principio nos suscitaba dudas o desconocíamos por completo se fue volviendo más y más comprensible. Avanzamos en el dominio de la disciplina con paso seguro y sin dificultad. Sin embargo, con la lucidez de corazón me sucede todo lo contrario. Por más que me esfuerzo, solo descubro lo que no soy capaz de ser y me quedo con la sensación de que la única recompensa por mis esfuerzos es un pesar tan hondo que, a pesar de las muchas lágrimas que vierto,[28] no puedo dejar de ser la persona que no debo ser.

[7.3.3] »¿De qué nos sirve, pues, saber en qué consiste la suma perfección si no somos capaces de alcanzarla? Incluso a veces, cuando sentimos que el corazón por fin se concentra en el objetivo, la mente se extravía sin que nos demos cuenta y se entrega de nuevo, con más pasión que antes, al capricho del pensamiento. Las distracciones cotidianas y mil cosas más la secuestran una y otra vez hasta que desesperamos de mejorar nuestra situación y la práctica de la disciplina parece una tarea inútil y sin sentido.

[7.3.4] »A veces conseguimos rescatar a la mente distraída de la realidad y de sus mil estímulos y encaminarla de nuevo hacia Dios o hacia la contemplación espiritual, pero antes de que podamos concentrarla del todo, se escapa y huye de nuevo a toda velocidad. Cuando tomamos conciencia de lo sucedido, descubrimos que se ha apartado del rumbo marcado y nos vemos obligados a luchar en vano para reconducirla a la disciplina contemplativa y atarla a ella con las cadenas de la más firme determinación de ánimo, solo para que se nos escape de las manos de nuevo, más rápida que una anguila.

[7.3.5] »Así, agotados, y sin que el corazón se haga más fuerte o constante, cansados y sin esperanza, hemos llegado a la conclusión de que estas profundas debilidades del espíritu son innatas a la especie humana y no se deben a un defecto personal.»

[7.4.1] «Es peligroso llegar a conclusiones apresuradas sobre la naturaleza de un objeto sin haber meditado sobre él en profundidad ni llevado a cabo el análisis pertinente —respondió Sereno—. Tampoco es recomendable juzgar una disciplina completa a partir de la propia fragilidad. Conviene más estudiar sus atributos y propiedades o basarse en la experiencia de quienes nos han precedido.

»Imaginad a alguien que no sabe nadar, que observa que su cuerpo no flota en el agua. A partir de su falta de experiencia, extrae la conclusión de que los seres de carne no flotan en el agua. ¿Daríamos por válida esa opinión formada a partir de su experiencia limitada? No, pues el análisis preciso, incluso la mera observación, demuestran con rotundidad que nadar no solo no es imposible, sino que a muchos les resulta facilísimo.

[7.4.2] »El *nous* o mente es por naturaleza *aeikinētos kai polykinētos*, es decir, muy dinámica. Está siempre en movimiento. Salomón la describe en el Libro de la Sabiduría con estas palabras "*kai geōdes skēnos brithei noun polyphrontida*", es decir, "la morada terrenal pesa sobre la mente siempre zarandeada por numerosos pensamientos". Es decir, la mente es por naturaleza incapaz de detenerse. A no ser que disponga de algo en lo que concentrar su impulso y mantenerse ocupada, su inestabilidad natural la llevará a revolotear de un lado a otro. Solo tras un arduo período de práctica diaria, esa a la que decís haberos dedicado en vano, descubrirá con qué materiales alimentar la memoria.[29] Así, revoloteando alrededor de los recuerdos adecuados, adquirirá la fortaleza suficiente para rechazar los estímulos del enemigo que la tientan de mil maneras y conseguirá perseverar en el estado y la condición anhelada.

[7.4.3] »Por consiguiente, cuando nuestros corazones se distraen, no debemos culpar a la naturaleza humana ni a Dios, su creador. Leemos en las Escrituras que "Dios hizo sencillo al hombre, pero él mismo se busca infinitas complicaciones". La calidad del pensamiento, pues, depende de nosotros. En Proverbios se dice "el buen pensamiento se acerca a quienes lo conocen, y el hombre prudente lo encontrará". Si encontrar algo es cuestión de prudencia y destreza, debemos achacar la incapacidad de encontrarlo a la pereza o a la ignorancia, no a un defecto de la naturaleza. Los Salmos confirman mi parecer: "Dichosos los que de ti toman su fuerza, y disponen en su corazón cómo ascender al lugar sagrado". Ya veis que somos nosotros quienes disponemos en nuestro corazón los ascensos, es decir, los pensamientos que conducen a Dios, tanto como los descensos, es decir, los que nos hunden en lo terrenal y lo físico.

[7.4.4] »Si no tuviéramos control sobre los pensamientos, Jesús no habría reprochado a los fariseos "¿Por qué pensáis mal en vuestros corazones?"; ni nos hubiera advertido por medio de Isaías "quitad la iniquidad de vuestros pensamientos de delante de mis ojos", ni en otra parte "¿Cuánto tiempo guardarás en tu pecho tus culpables pensamientos?"; ni se tendrían en cuenta los pensamientos y las obras en el Día del Juicio, como advierte el Señor por boca de Isaías: "llegará el momento en que venga yo a juntar las obras y los pensamientos de todas las naciones y lenguas" y, desde luego, no constituirían prueba condenatoria cuando se celebre ese juicio aterrador, como dijo san Pablo, "y los razonamientos con que unos y otros se acusan y se defienden entre sí se verán el día en que Dios juzgue las obras secretas de los hombres según mi evangelio".»

PREPARARSE PARA
LA PLEGARIA ARDIENTE

CASIANO Y GERMÁN CONSULTAN
AL ABAD ISAAC DE SCETIS

«El fin último de todo monje y la dedicación a perfeccionar el corazón nos conduce a una vida de oración incesante y, en la medida en que la fragilidad humana lo permite, a la búsqueda continua de una serenidad de ánimo y una lucidez tan inquebrantable —dijo Isaac—. Soportamos el trabajo físico y la contrición de espíritu para adquirir esas virtudes. Además, entre ellas hay una firme y mutua relación, pues el edificio de la perfección se sostiene sobre el pilar de la plegaria, que al mismo tiempo reúne y afirma sus componentes.[30] [9.2.2] La estable y continua serenidad del corazón a la que me refería no se consigue sin la virtud, y esta, a su vez, que es como los cimientos del edificio, no se logra sin la perseverancia en la oración. Sería imposible hablar con exactitud de los efectos de la oración o debatir acerca de su fin último (al que se llega desarrollando las virtudes) sin antes enumerar una por una las cosas que necesitamos o nos sobran para llevar a buen término nuestro empeño. Además, como enseña el Evangelio, es necesario calcular y seleccionar los materiales con los que construir esa altísima torre espiritual. [9.2.3] Ahora bien, no podremos construir y sustentar la techumbre con ellos a no ser que primero echemos abajo las debilidades, excavemos los escombros de los estímulos que nos desasosiegan y plantemos pilares de sencillez y humildad[31] sobre la tierra viva de nuestro pecho o, mejor dicho, sobre esa roca que menciona el Evangelio. Solo así levantaremos hasta los cielos nuestra torre de virtudes espirituales. [9.2.4] Con cimientos semejantes, se mantendrá firme y no se derrumbará por más que la azote la tormenta de las pasiones, por más que se desate el diluvio, por más que cargue contra ella como un ariete el torrente de la persecución, por más que sople feroz el huracán de los enemigos del alma.

[9.3.1] »Por consiguiente, estas son las reglas para elevar una oración con el fervor y la lucidez necesarias. En primer lugar, desprenderse de la preocupación por lo terrenal y por las riquezas, así como de la costumbre de chismorrear, charlar, contar chistes de mal gusto y cosas parecidas que no debemos almacenar en la memoria. Sobre todo, acabar con la energía desestabilizadora de la ira y la tristeza y extirpar por completo el perjudicial impulso de la codicia y la lujuria. [9.3.2] Cuando hayamos terminado con estas y otras debilidades parecidas, que son visibles a los ojos, es decir, cuando, como decía antes, hayamos despejado el solar donde vamos a construir, lo cual se consigue por medio de la sencillez y la sinceridad, llega el momento de plantar los cimientos de una humildad profunda. Así es como se levanta una torre que alcance el cielo. Más tarde también será necesario construir el edificio espiritual de las fortalezas morales, donde la mente se refugiará de digresiones y distracciones resbaladizas y se abrirá poco a poco al conocimiento espiritual y la contemplación de Dios.

[9.3.3] »Es habitual que los pensamientos que nos rondaban por la mente antes de la plegaria vuelvan a la memoria mientras oramos, así que conviene que nos preparemos de antemano para rezar como nos hemos propuesto. El estado de ánimo previo da forma al alma que comienza a rezar. Cuando nos postramos, las imágenes de lo que estábamos haciendo, diciendo y pensando antes de empezar corren por la imaginación y nos enfadan y entristecen. Se nos vienen a la cabeza deseos e impulsos; de pronto soltamos una carcajada fuera de lugar porque nos acordamos (me da vergüenza reconocerlo) de un chiste grosero, sonreímos por algo que ha pasado o nos evadimos con cualquier distracción.

[9.3.4] »Por eso, antes de rezar debemos expulsar de nuestro interior con determinación todo aquello que no queremos que nos perturbe, para así cumplir con los preceptos apostólicos "orad sin cesar" y "orad en todo lugar alzando las manos limpias[32] sin ira ni vacilaciones", cosa que no podremos lograr sin una mente limpia de debilidades, consagrada tanto a la virtud como a su propio bien, y fortalecida con contemplación continua de Dios.

[9.4.1] »No faltan quienes comparan al alma con una ligera pluma. Si está seca, se eleva a las alturas con toda facilidad a la menor brisa. Si se moja, la humedad la ata a la tierra e impide que su ingravidez natural la haga volar por el aire. [9.4.2] En eso se parece a la mente humana. Si no la sobrecargan los defectos y las preocupaciones mundanas ni entra en contacto con los nocivos fluidos del deseo, flota por las alturas en alas de la ligera brisa de la meditación espiritual, impulsada por el soplo de su propia serenidad. Deja atrás lo vulgar y lo perecedero, y pone rumbo a lo invisible y lo divino. Por eso Jesucristo nos recomienda en el Evangelio "procurad que los excesos, la embriaguez y las preocupaciones terrenas no os emboten el corazón". [9.4.3] Por consiguiente, si queremos que la oración llegue más allá del cielo, esforcémonos por devolver a la mente su luz natural, limpiándola de los defectos y manchas de lo terreno para que la plegaria, sin el lastre de las debilidades, se eleve hasta Dios.

[9.5.1] »No debemos olvidar los lastres de la mente que menciona Jesucristo. Aparte del adulterio, la lascivia, el asesinato, el desprecio de lo sagrado o el robo, faltas graves y reprobables que todos conocemos, están la falta de moderación, la embriaguez y la obsesión con lo mundano. Casi nadie los evita ni condena, hasta el punto (vergüenza me da reconocerlo) de que algunos que se dicen monjes se entregan a ellos por creerlos inofensivos y hasta beneficiosos. [9.5.2] Es cierto que sobrecargan el alma, la alejan de Dios y la apegan a lo terreno, pero son fáciles de evitar, sobre todo para quienes, como nosotros, vivimos retirados del mundo y sus engaños, y no tenemos ocasión de dejarnos seducir por banalidades ni por el exceso de comida o bebida. En cambio, nos acecha otro tipo de exceso igual de pernicioso, pero más difícil de evitar: la embriaguez espiritual, una especie de "obsesión terrenal" que se adueña de ciertos monjes a pesar de haber renunciado a las posesiones, abrazado la abstinencia y vivido en la soledad del desierto durante mucho tiempo. De ella dice un profeta "despertad los que estáis ebrios y no de vino".[33] [9.5.3] Y otro añade "espantaos, asombraos, ofuscaos. Embriagaos, pero no de vino; tambaleaos, pero no de licor". De sus palabras deduzco que el vino de este tipo de embriaguez no es otro que la ira del dragón. Fijaos de qué raíz procede: "su vino es de los viñedos de Sodoma y de los campos de Gomorra son sus vides". [9.5.4] ¿Queréis saber cómo es el fruto de esa viña y el producto de sus vides? En la Biblia está la respuesta: "Sus uvas son de hiel y sus racimos, de amargura". Tened por seguro que hasta que no estemos limpios de todo exceso, hayamos aprendido a evitar las debilidades y hayamos abrazado la sobriedad como forma de vida, por mucho que evitemos los banquetes y las borracheras, una variante de la gula, más perniciosa aún, agobiará nuestro corazón. La obsesión por lo mundano se adueña incluso de quienes vivimos retirados del mundo. De ahí la regla que establecieron nuestros predecesores, según la cual lo que sobrepase las necesidades diarias del cuerpo debe considerarse exceso.

[9.5.5] »Paso a daros unos cuantos ejemplos. Basta una moneda al día para vivir, pero nos imponemos una jornada de trabajo más larga con el fin de ganar dos o tres. Bastan dos prendas como toda vestidura (una para el día y otra para la noche), pero compramos tres o cuatro. Con una casa de dos habitaciones tenemos más que suficiente para vivir, pero, movidos por la ostentación y la codicia, construimos una de cinco habitaciones y, además, mejor amuebladas y más espaciosas de lo necesario.

[9.6.1] »La experiencia demuestra que quienes nos empujan a tales excesos son los demonios. En cierta ocasión, uno de los Padres del Desierto que tenía una reputación intachable pasó por la morada de un monje que sufría de la enfermedad de la que hablamos. Estaba totalmente concentrado en superfluas obras de albañilería. El estrés lo devoraba. Lo vio desde la distancia golpeando una roca durísima con una enorme maza. Al principio creyó que un etíope tenía las manos enlazadas con las del monje y le ayudaba a romper la roca mientras lo espoleaba con palabras ardientes a trabajar con más ahínco.[34] El anciano los observó largo rato, horrorizado del poder de aquel feroz demonio y de la magnitud del engaño. [9.6.2] Cada vez que el monje jadeante intentaba descansar y recobrar las fuerzas, el demonio lo convencía de nuevo de empuñar la maza y no flaquear en el empeño, de modo que no se daba cuenta del perjuicio que la dura labor le causaba. Por fin, el anciano, conmovido por el cruel engaño, se acercó a la celda del monje y lo saludó diciendo: "¿Qué es esta obra en la que tanto te afanas, hermano?". El monje respondió así: "Llevamos un buen rato tratando de romper esta roca, pero es tan dura que apenas le hemos hecho mella". [9.6.3] "Efectivamente, 'llevamos', pues no estás solo en la labor. A tu lado hay alguien a quien no ves, alguien que no te ayuda, sino que te fustiga y te agobia".

»La moraleja de la historia es que rechazar los asuntos que, por más que nos apetezcan, superan nuestra capacidad, y evitar los que nos granjearán el desprecio tanto de quienes cultivan el espíritu como de quienes moran en lo terrenal no demuestra en absoluto que hayamos superado la ambición o la vanidad. Por el contrario, la manera de demostrarlo es resistirse con absoluta firmeza de ánimo a incurrir en lo que está a nuestro alcance y podríamos hacer pasar por aceptable. [9.6.4] Lo cierto es que estas cosas que parecen menores e insignificantes, cosas que monjes como nosotros no tomamos en serio, no afectan menos nuestra mente que los importantes asuntos que suelen confundir el juicio de las personas laicas debido a su importancia. A medida que se acumulan estos sedimentos terrenales, nos resulta difícil respirar con serenidad mientras nos volvemos hacia Dios, donde la atención de un monje siempre debe estar centrada. Deberíamos considerar incluso la separación más mínima de ese bien supremo como una muerte repentina y una aniquilación total. [9.6.5] Cuando la mente se libera de las cadenas del deseo y alcanza la paz suprema, y cuando el corazón está concentrado en el sublime fin último, entonces y solo entonces podremos, como nos aconseja el apóstol, orar sin cesar y en todo lugar alzando las manos limpias sin ira ni vacilaciones. En ese estado de serenidad, si me permitís llamarlo así, la mente queda en suspenso y cambia su natural condición terrenal por otra espiritual y angélica. A partir de ese momento la oración estará totalmente concentrada y ningún pensamiento podrá distraerla.»

[9.7.1] «¡Ojalá supiéramos conservar los pensamientos espirituales tan fácilmente como los concebimos! —exclamó Germán—. Por desgracia, en cuanto recordamos una línea de las Escrituras o una buena acción pasada, o entrevemos por un instante los misterios celestiales, esos pensamientos huyen de nosotros y se desvanecen como por arte de magia. [9.7.2] Cuando la mente entra en contacto con una emoción espiritual nueva, no pasa un minuto sin que se filtren otros pensamientos que la ponen en fuga. El resultado es que a la mente le resulta imposible mantener la atención en lo espiritual y que, cuando lo logra, esos fugaces momentos de comprensión parecen más fortuitos que voluntarios. ¿Cómo atribuirlos a la voluntad cuando retenerlos no depende de nosotros? [9.7.3]. En todo caso, no nos desviemos del tema. Hablemos de la naturaleza de la plegaria. Ya volveremos sobre lo anterior cuando haya tiempo. Explícanos en qué consiste la plegaria, sobre todo porque el apóstol nos recomienda practicarla de continuo cuando dice "orad sin cesar". [9.7.4] Lo primero que queremos saber son sus características principales, cómo elevarla a Dios y cómo perseverar hasta que se vuelva un hábito. Llegar hasta ahí exige sin duda más que simplemente prestar atención, eso lo sabemos por experiencia y por la autoridad de tus palabras. Antes nos decías que el fin último del monje y la cima de la perfección radica en la plegaria.»

[9.8.1] «Pienso que es imposible comprender todos los tipos de oración sin la lucidez del corazón, una gran pureza de alma y la iluminación del Espíritu Santo —dijo Isaac—. Existen tantos tipos de oración como estados y situaciones a las que se enfrenta el alma, o, mejor dicho, *cada alma*. [9.8.2] Reconozco que no soy capaz de enumerarlas todas, pues mi corazón carece de la perspicacia necesaria, pero voy a tratar de explicároslas con tanta precisión como me lo permita mi escasa experiencia. Tened en cuenta también que la oración cambia según el grado de lucidez de la mente y el estado en que se encuentre en cada momento (es decir, si la hunden los avatares de la vida o, por el contrario, lucha por llenarse de vitalidad). Este es el motivo por el que la oración nunca es la misma. [9.8.3] Oramos de una manera cuando somos felices, de otra cuando nos agobia la tristeza o la desesperanza, de otra cuando nos complacemos en los avances espirituales, de otra cuando nos aplastan los contratiempos, de otra cuando pedimos perdón por los pecados, y de otra cuando pedimos un favor, adquirir una virtud o librarnos de un mal. Rezamos de una manera cuando nos mueve el miedo al infierno y al juicio futuro y de otra cuando estamos encendidos de esperanza y buenos deseos. Rezamos de una manera cuando nos acucia la necesidad y nos rodea el peligro, y de otra cuando estamos en paz. Rezamos de una manera cuando nos ilumina la revelación de los misterios divinos y de otra cuando nos paraliza la debilidad.

[9.9.1] »He mencionado alguna de las diferencias entre las plegarias, pero solo las que el tiempo y lo limitado de mi corazón y mi mente me permiten, no tantas como exige la materia.

»Pasemos ahora a analizar uno por uno los tipos de plegaria. San Pablo distingue cuatro: "En primer lugar, os aconsejo que ofrezcáis peticiones, oraciones, intercesiones y acciones de gracias". Tened por seguro que el apóstol las clasificó de este modo por un buen motivo.

[9.9.2] »Lo primero que hay que hacer es averiguar el significado de cada término. A continuación, estudiaremos si hay que ofrecer los cuatro tipos al mismo tiempo en una sola plegaria cada vez que rezamos, si es más conveniente hacerlo por turnos y en días distintos (es decir, si un día pedimos una gracia, otro elevamos una oración, otro intercedemos por alguien y otro damos gracias por los favores recibidos), o si lo mejor es que una persona se ocupe de las peticiones, otra de las plegarias, otra de las intercesiones y una cuarta de la acción de gracias, según la edad o la madurez espiritual de cada una.

[9.10] »Empezaremos por aclarar el significado exacto de cada palabra. Es necesario especificar las diferencias que hay entre orar, pedir e interceder. Luego, hay que investigar si conviene ofrecerlas juntas o por separado. En tercer lugar, examinaremos si el orden establecido por san Pablo tiene una finalidad didáctica o si, por el contrario, no tiene particular relevancia y no hay que tomárselo al pie de la letra. Pienso que es absurdo creer que el Espíritu Santo se manifestara por boca del Apóstol sin razón o motivo aparente. Repasemos uno a uno los tipos de oración en el orden que hemos visto, que es como el Señor nos los ha enseñado.

[9.11] »Dijo el apóstol: "En primer lugar, os aconsejo que ofrezcáis peticiones". La petición es el grito de ayuda de quien pide el perdón de los pecados. Recurrimos a ella cuando nos arrepentimos de los errores pasados o presentes.

[9.12.1] »Por medio de la oración, en cambio, ofrecemos o prometemos algo a Dios. En griego se dice *euchē*, o 'voto'. La expresión griega *tas euchas mou tō kyriō apodōsō* se traduce como "cumpliré los votos que he hecho al Señor", que podría interpretarse como "elevaré mis oraciones al Señor". El Eclesiastés dice "cuando hagas una promesa a Dios, no tardes en cumplirla", que en la versión griega se enuncia de manera parecida: *ean euxē euchēn tō kyriō*, es decir, "cuando eleves una oración al Señor, no tardes en cumplirla". [9.12.2] Los monjes cumplimos el precepto de la siguiente forma: oramos cuando, al renunciar a este mundo, nos comprometemos a haber muerto para él y para sus exigencias, y prometemos a Dios servirle con el corazón puesto en él por completo. Oramos cuando renunciamos a los honores y riquezas terrenales con el fin de que la pobreza y la contrición nos unan a Dios con lazos más estrechos. Oramos cuando hacemos voto perpetuo de castidad y paciencia y prometemos arrancar del corazón las raíces de la ira y del pesar que provoca la muerte. Y si rompemos la promesa e incurrimos de nuevo en los errores del pasado a causa de nuestra propia debilidad, se nos podrá aplicar la máxima de "mejor no prometer que no cumplir lo prometido", que en griego se dice "mejor no orar que hacerlo y faltar a la oración".

[9.13] »La intercesión es el tercer tipo de plegaria. La ofrecemos en favor de los demás cuando el fervor nos calienta el espíritu. Intercedemos al hacer peticiones por los seres queridos, o por la paz en el mundo, o, como dice san Pablo, "por la humanidad, por los reyes y por quienes ocupan altos puestos".

[9.14] »Por último está la acción de gracias, en la que la mente, en un éxtasis indescriptible,[35] da gracias al Señor al recordar las veces que ha acudido en su auxilio o piensa en los dones que tiene destinados a quienes lo aman. Hay ocasiones en que ese mismo pensamiento nos hace rezar con más devoción, porque, al contemplar la recompensa que Dios reserva a los santos, el espíritu se estremece con una enorme dicha que lo mueve a dar gracias innumerables veces.

[9.15.1] »Los cuatro tipos provocan a menudo ricos[36] y fervorosos momentos de plegaria. La petición nace del aguijón del remordimiento de los pecadores; la oración nace de una conciencia pura que es leal en lo que ofrece y consciente de lo que promete; la intercesión es fruto de las llamas del amor, y la acción de gracias, que es reflejo del auxilio de Dios, procede de su bondad y su grandeza. Las cuatro se materializan en la plegaria ardiente. Mi conclusión es que todas son indispensables. Una misma persona puede ofrecer fervoro-sas peticiones, súplicas, intercesiones o dar gracias, según el estado en que se encuentre su espíritu en un momento determinado. Ahora bien, me parece que la primera es la más adecuada para los principiantes, aún atormentados por los recuerdos de los errores de la vida anterior y las punzadas del arrepentimiento. La segunda es ideal para quienes llevan recorrido un trecho en la senda del espíritu y en la búsqueda de las virtudes, con una cierta elevación de la mente. La tercera es la propia de quienes viven coherentemente con lo que han prometido e interceden por el prójimo porque comprenden su fragilidad. Por último, la cuarta es para quienes se han arrancado del corazón la dolorosa espina del remordimiento. Serenos, lúcidos y libres de preocupación, su espíritu evoca de continuo los favores que Dios les ha concedido en el pasado, los que les otorga en el presente y los que les depara en el futuro, y así el corazón se les abre y los arrebata a un estado de plegaria ardiente que no se puede describir con palabras.

[9.15.2] »A veces sucede que, cuando una persona empieza a afianzarse en ese estado de lucidez suprema, surgen en ella los cuatro tipos al mismo tiempo, de modo que revolotea de uno a otro como una llama inquieta y abrasadora ofreciendo elevadísimas e inefables plegarias con sonidos incomprensibles que el Espíritu Santo recoge y envía directamente a Dios. En esos momentos, los pensamientos le desbordan la mente y se derraman en la plegaria en tal abundancia que no puede expresarlos. Es más, ni siquiera los recuerda cuando retorna del trance.

[9.15.3] »Por eso, a veces ofrecemos plegarias lúcidas y atentas con independencia del estado en que nos hallemos. Incluso el principiante, inmerso en las consideraciones acerca del Juicio Final y atormentado por el remordimiento y el temor de ese examen último, puede sentirse de pronto tan colmado de la riqueza de la petición como el que contempla la grandeza de Dios con un corazón lúcido y se derrite en una indescriptible dicha, pues, como dice Jesucristo, ama más porque se le ha perdonado más.

[9.16] »En todo caso, a medida que avanzamos en la vida y en la disciplina, debemos optar por las formas de oración que emanan de la contemplación del favor futuro o de las llamas del amor, o que, en palabras que los novicios puedan comprender, se originan en el deseo de adquirir una virtud o subsanar un defecto. No se puede aspirar a la plegaria ardiente sin que el espíritu se haya elevado paso a paso gracias a cada uno de los cuatro tipos de oración.»

EN OTRO MOMENTO DE LA CONVERSACIÓN
CON EL ABAD ISAAC

[9.26.1] «¿Quién, por mucha experiencia que tenga, es capaz de describir con exactitud las numerosas causas[37] y fuentes de los intensos sentimientos que encienden la mente y la disponen a la plegaria ardiente? No obstante, si el Señor me permite recordarlas, os daré unos cuantos ejemplos.

[9.26.2] »A veces, el simple versículo de un salmo me ha catapultado a la plegaria ardiente. Otras, la voz melodiosa de un monje saca a las almas de su letargo y enciende en ellas el deseo de sumirse en la oración. En más de una ocasión ha sucedido que un ilustre y serio cantor ha inflamado de pronto el fervor de una congregación que hasta entonces lo escuchaba con indiferencia. También las conversaciones con ancianos curtidos en lo espiritual han aplacado muchas veces la frustración de los monjes abatidos y han hecho aflorar en ellos ricas plegarias. La muerte de un hermano o de otro ser querido puede muy bien despertar una profunda compunción. A veces también el recuerdo de los errores y torpezas del pasado enciende el espíritu. Ya veis que no faltan ocasiones para sacudir la pereza y la falta de compromiso con la ayuda de Dios.

[9.27] »No es tarea fácil investigar cómo estas situaciones generan sentimientos tan intensos en los profundos recintos del alma. A menudo surgen en momentos de inefable dicha y éxtasis espiritual tan ardiente e intenso que llega a ser doloroso y se materializa en gritos de gozo incontrolables que el monje vecino oye desde su celda. Otras veces, en cambio, la mente se envuelve en el silencio y se oculta tras el velo de una profunda quietud, pues el asombro de la súbita iluminación acalla el sonido de las palabras y el espíritu abrumado o bien se encierra en sus sentidos, o bien los pierde. Entonces derrama sus ansias de Dios en forma de lamentos inexpresables. En ciertas ocasiones, los sentimientos y el dolor son tan abrumadores que la única manera de desahogarse es el llanto.»[38]

[9.28.1] «Hasta yo, que soy solo un humilde monje —dijo Germán—, he experimentado algo de estos intensos sentimientos. Más de una vez he derramado abundantes lágrimas al recordar los errores cometidos y, como tú dices, en esos momentos la presencia de Dios me ha colmado de una alegría tan intensa que me devolvía la esperanza del perdón. Creo que es el estado más sublime. ¡Ojalá pudiéramos entrar y salir de él por voluntad propia! [9.28.2] A veces evoco mis pecados y errores con el objeto de vivir de nuevo la experiencia, pero me resulta imposible conectar con la fuente del llanto. Los ojos se me quedan secos como dos rocas insensibles y acabo sufriendo por la falta de lágrimas lo mismo que antes gozaba por la abundancia de ellas.»

[9.29.1] «Las lágrimas no brotan de un solo sentimiento ni de una sola virtud —respondió Isaac—. Unas veces lloramos cuando el recuerdo de los errores se nos clava en el corazón como una espina. De ahí, el versículo de los salmos "me consumo de gemidos, inundo de llanto mi cama cada noche y humedezco de lágrimas mi lecho" y otras citas de las Escrituras como "derrama día y noche lágrimas a torrentes, no te concedas reposo, que no descansen las pupilas de tus ojos". [9.29.2] Otras veces lloramos al contemplar los bienes eternos y anhelar la gloria celestial que aguarda. En esos momentos, el gozo las hace brotar en abundancia y el alma sedienta de Dios exclama "¿Cuándo podré llegar y ver la faz de Dios? Han sido mis lágrimas, mi pan de noche y de día" y se queja a diario con estas palabras: "Ay de mí, que se ha prolongado mi destierro. Mucho anduvo mi alma en el exilio". [9.29.3] Hay ocasiones en que afloran sin que nos pese en la conciencia ningún pecado, simplemente nacen de ese temor al infierno y al Juicio Final que hizo clamar al profeta: "No entres en disputas con tu siervo, pues ante ti no hay nadie justo". Hay también otra categoría que no se origina en el conocimiento de uno mismo, sino en la insensibilidad y los pecados del prójimo. Así lloraba Samuel por Saúl; así lloraba por Jerusalén el Señor en las Escrituras y el profeta Jeremías, este último diciendo: "¡Oh, si mi cabeza fuera agua y fuente de lágrimas mis ojos para llorar día y noche a los muertos de la hija de mi pueblo!". [9.29.4] El Salmo 101 se refiere a estas lágrimas cuando dice: "Por pan como cenizas y mi bebida se mezcla con mi llanto".[39] Son completamente opuestas a las que hacen estallar en gemidos al penitente en el Salmo 6, que son las lágrimas de la persona justa que se siente angustiada y oprimida por los males de este mundo, como queda patente no solo en el texto sino en el mismo título del mencionado Salmo 101, *Oración del afligido*. El afligido que eleva su plegaria a Dios es a quien se refiere el conocido versículo "bienaventurados los pobres de espíritu, pues de ellos es el reino de los cielos".

[9.30.1] »Hay una enorme diferencia entre estas lágrimas que se vierten de manera natural y las que un corazón de piedra arranca a duras penas de unos ojos secos. Conviene aclarar que no es que sean inútiles, quien las persigue tiene buena intención, aunque no ha sido capaz de adquirir aún el conocimiento perfecto o de depurar por completo los errores y debilidades presentes y pasadas. Sin embargo, quienes ya han avanzado un trecho en la vida del espíritu no deben buscarlas bajo ningún concepto ni acostumbrarse a forzar el llanto, pues, aunque lo consigan, nunca tendrá la calidad del que brota de manera espontánea. [9.30.2] Es más, el mismo esfuerzo envilece el alma y la aleja de las alturas celestiales donde debe habitar, pues la distrae de la oración y la hunde en asuntos mundanos al obligarla a prestar atención a unas estériles y forzadas gotas.

[9.31] »Para que os quede claro qué significa rezar de verdad, citaré al abad Antonio. Como sabéis, a veces se concentraba tanto en la oración que entraba en éxtasis y cuando amanecía lo oíamos exclamar "Sol, ¿por qué vienes a distraerme? ¡Solo sales para apartarme de la claridad de la luz verdadera!". Las siguientes palabras, más divinas que humanas, sobre el fin último de la plegaria también son suyas: "La plegaria no es perfecta mientras el monje tenga conciencia de sí mismo y se dé cuenta de que está rezando".»

UN MANTRA

CASIANO Y GERMÁN CONVERSAN
DE NUEVO CON EL ABAD ISAAC

[10.8.1] «La admiración que nos ha causado nuestra primera conversación nos ha impulsado a visitarte de nuevo —dijo Germán—. A pesar de que tus enseñanzas nos motivan, haciéndonos anhelar esa dicha perfecta de la que hablas, caemos en una desesperación aún mayor, sin saber cómo podemos buscar (y mucho menos alcanzar) ese estado sublime. Hemos estado repasando una y otra vez todo esto en nuestra celda, y creemos que necesita una discusión extensa. Te pedimos que tengas paciencia con la ignorancia de dos simples monjes (aunque sabemos que rara vez has de alterarte por los errores de los débiles). Te rogamos que escuches nuestras conclusiones y corrijas sus errores.

[10.8.2] »Esto es lo que pensamos: las etapas iniciales del aprendizaje de una ciencia o disciplina deben consistir en una serie de nociones accesibles y fáciles de comprender, como una especie de leche racional que nos alimente y nos haga crecer paso a paso desde los rudimentos hasta las alturas. Una vez concluida esta sencilla etapa introductoria, resulta más sencillo franquear las puertas y acceder a los secretos y profundidades de la perfección.

[10.8.3] »¿Cómo va un niño a pronunciar las sílabas sin conocer las letras? ¿Quién aprende a leer de corrido sin saber unir oraciones sencillas? ¿Quién puede adquirir elocuencia retórica o conocimientos filosóficos si desconoce las reglas de la gramática? Estamos convencidos de que en esta disciplina incomparable que nos une a Dios con estrechos lazos hay dos nociones básicas que es necesario aprender para levantar sobre ellas el edificio de la perfección: [10.8.4] averiguar qué temas[40] de meditación conducen a la contemplación y la presencia continua de Dios, y descubrir la manera de retenerlos. Por eso te pedimos que nos enseñes a contemplar a Dios, a traerlo a la mente y a aferrarnos a él para que, manteniéndolo siempre ante los ojos, seamos capaces de percibir cuándo nos hemos distraído y de esta manera podamos volver de inmediato a concentrarnos en él, sin perder el tiempo dando vueltas y buscando por todas partes.

[10.8.5] »Por lo general, ahora salimos de un período largo y concentrado de meditación como quien vuelve de un sueño profundo. En esos momentos, intentamos traer de nuevo a Dios a la mente por medio de algún recuerdo o pensamiento que nos guíe, pero el esfuerzo nos agota y pronto nos flaquea la atención, perdemos la concentración y nos distraemos. Es evidente que la causa de este problema es que no tenemos un objetivo concreto al que la atención pueda retornar como si se refugiara en un puerto seguro cuando se desata la tormenta.

[10.8.6] »La mente tropieza de continuo con la ignorancia y otros obstáculos; vaga dando tumbos sin aferrarse a nada, como si estuviera ebria. Si por casualidad, que no por voluntad, se le aparece algo espiritual, no es capaz de concentrarse en ello mucho tiempo. Recibe ideas que se amontonan y que tan pronto aparecen como desaparecen y, en consecuencia, no sabe dónde empiezan ni dónde acaban.»

[10.9.1] «Identificar el problema y enunciarlo de forma tan precisa y sutil son señales de que no andáis lejos de alcanzar la lucidez —dijo Isaac—. Estas cosas no se pueden preguntar, y mucho menos penetrar y comprender, sin haberlas meditado a fondo con inquebrantable compromiso. La práctica continua de prestar atención y corregir los propios errores es la experiencia que les permitirá llegar al umbral de la lucidez y tocar a su puerta

[10.9.2] »Veo, por lo que me acabáis de exponer, que no solo estáis a las puertas de esa forma perfecta de oración de la que hablábamos, sino que ya recorréis las salas interiores y el umbral, y comenzáis a comprender ciertos conceptos por experiencia. Por lo tanto, creo que, con la ayuda de Dios, será tarea sencilla guiaros hasta lo que yo denomino el salón principal. Estoy convencido de que lo que pretendo enseñaros no os resultará difícil de entender. [10.9.3] Comenzar a hacer las preguntas correctas es señal de que estamos cerca de lo que queremos comprender, y cuando somos capaces de reconocer lo que no sabemos es que estamos cerca del conocimiento. Por eso no temo ser indiscreto ni superficial si os revelo ahora ciertas características de la perfección de la plegaria que omití en nuestro último encuentro. Creo que, visto el estado que habéis alcanzado ya, la gracia de Dios os haría comprender su poder sin mi ayuda.

[10.10.1] »Habéis comparado con acierto el aprendizaje de la plegaria con la educación de los niños al decir que no se puede aprender el alfabeto, reconocer las letras o escribirlas con trazo firme sin la práctica diaria de la caligrafía. Siguiendo el mismo principio, hoy os confiaré un modelo de contemplación espiritual. Al tenerlo siempre presente, aprenderéis a hacerlo vuestro mediante la meditación continua y la práctica diaria y de esa forma accederéis a estados más elevados de plegaria.

[10.10.2] »Paso, pues, a enseñaros el mantra que tanto habéis buscado mediante la oración y la disciplina. Todo monje que se consagra al recuerdo constante de Dios debe adquirir el hábito de meditar constantemente sobre esta fórmula y repetirla una y otra vez de corazón, después de haber vaciado la mente de cualquier otro pensamiento, pues sin deshacernos por completo de preocupaciones y deseos físicos no conseguiremos nada. La comparto con vosotros como me la transmitieron mis maestros. No olvidéis que está reservada a los pocos que la buscan de verdad. La fórmula devocional para recordar a Dios de manera constante es: "Dios mío, ven en mi auxilio; Señor, date prisa en socorrerme". [10.10.3] Este breve versículo de las Escrituras se escogió por buenos motivos. Contiene todos los estados de ánimo por los que atraviesa el ser humano; sirve en cualquier situación y ante cualquier peligro; expresa la sinceridad de la confesión, la vigilancia que procede de la atención y el temor continuos, la conciencia de la propia fragilidad, la esperanza de que la oración será escuchada y la fe en que la ayuda está ya de camino, [10.10.4] pues quien apela de continuo a su protector sabe que siempre lo tiene al lado. Encierra en sí las llamas del amor y la compasión. Es la voz del alma que, consciente de los peligros que la rodean noche y día, reconoce que no hay salvación sin la ayuda de aquel a quien invoca. Es una muralla inexpugnable, una coraza impenetrable y un escudo invencible contra los ataques del demonio. Impide que el que está asediado por la tristeza de espíritu o la ansiedad de la mente pierda la esperanza. Es la prueba de que aquel a quien invocamos está siempre al tanto de nuestros problemas y siempre acude en auxilio de quienes confiamos en él. [10.10.5] Al mismo tiempo, cuando logramos algún éxito espiritual y el corazón se nos inflama de alegría, este breve versículo que suplica

a Dios que venga pronto a socorrernos nos previe-
ne contra la arrogancia y nos recuerda que no hay
salvación posible sin su ayuda. En resumen: es útil
en cualquier circunstancia. Quien pide ayuda en
todas las situaciones demuestra que Dios no solo
acude a nosotros en tiempos difíciles, sino también
cuando nos sonríe la suerte, y que los seres humanos, débiles por naturaleza, no podemos sobrevivir
sin su apoyo. Él es quien nos rescata de la adversidad y quien prolonga los buenos momentos.

[10.10.6] »De pronto, la gula me domina, se
me antojan alimentos que el desierto no produce,
me asaltan los aromas de los manjares más delicio-
sos y la tentación me arrastra a desearlos incluso
contra mi voluntad. Es el momento de decir "Dios
mío, ven en mi auxilio; Señor, date prisa en socorrerme".

»Me siento tentado a adelantar la hora de la
comida o lucho con determinación por no romper
el hábito de la moderación en el comer. En este
incómodo estado de ánimo, digo "Dios mío, ven
en mi auxilio; Señor, date prisa en socorrerme".

[10.10.7] »El deseo carnal me obliga a llevar a cabo rígidos ayunos y estrictas abstinencias, pero no me veo con fuerzas debido a las quejas y calambres del estómago. Para lograr mi objetivo o, al menos, para calmar el estómago sin imponerme un ayuno más severo, elevo mi lamento "Dios mío, ven en mi auxilio; Señor, date prisa en socorrerme".

»Consigo resistir hasta la hora de comer, pero el pan no me apetece y no soy capaz de ingerir el sustento necesario. Entono entre suspiros "Dios mío, ven en mi auxilio; Señor, date prisa en socorrerme".

[10.10.8] »Por mucho que deseo dedicar el tiempo a la lectura para fortalecer el ánimo, el dolor de cabeza me lo impide, o bien de pronto a mediodía se me cae la cabeza sobre la página del libro y la somnolencia me obliga a prolongar las horas permitidas de sueño hasta que al final no rezo los salmos durante la liturgia a causa de un cansancio invencible. Suplico con fervor "Dios mío, ven en mi auxilio; Señor, date prisa en socorrerme".

»Al revés, noche tras noche, un insomnio demoníaco me priva del descanso reparador. Me encomiendo al Señor con la plegaria "Dios mío, ven en mi auxilio; Señor, date prisa en socorrerme".

[10.10.9] »Mientras lucho contra mis debilidades me asalta el deseo sexual, que trata de seducirme durante el sueño y de hacerse con mi voluntad. Para evitar que su fuego devorador abrase las fragantes flores de la castidad, exclamo "Dios mío, ven en mi auxilio; Señor, date prisa en socorrerme".

»Las flechas ardientes del deseo han cesado y las urgencias de la carne abandonan mi cuerpo. Para que la fuerza recién adquirida perdure por siempre, con la ayuda de Dios, me concentro y digo "Dios mío, ven en mi auxilio; Señor, date prisa en socorrerme".

[10.10.10] »La ira, la ambición y la tristeza me agitan y me apartan del ideal de templanza que me he propuesto. Para evitar que una ira devastadora me arrastre al rencor y la amargura, digo con toda el alma "Dios mío, ven en mi auxilio; Señor, date prisa en socorrerme".

»El tedio, la afectación y el orgullo me aprisionan hasta el punto de que me alegro de la torpeza y falta de compromiso de los otros monjes. Para impedir que me venzan los engaños del enemigo, digo con corazón sinceramente arrepentido "Dios mío, ven en mi auxilio; Señor, date prisa en socorrerme".

[10.10.11] »He logrado la gracia de la humildad y la simplicidad y he conseguido extirpar el tumor del orgullo por medio de la penitencia constante. Para que, como dicen los salmos, "no me alcancen los pies del soberbio ni me mueva la mano del impío", y el orgullo del triunfo no me impida disfrutar de lo logrado, grito con todas mis fuerzas "Dios mío, ven en mi auxilio; Señor, date prisa en socorrerme".

»La mente me bulle con pensamientos de toda clase que no puedo controlar y el ánimo pierde el equilibrio. No hay forma de refugiarme en la plegaria sin que me interrumpan vanas imágenes mentales, monólogos interiores y recuerdos del pasado. Me es imposible concebir el más mínimo pensamiento espiritual. Ni las lágrimas ni las quejas me libran de semejante situación. Tan solo exclamar "Dios mío, ven en mi auxilio; Señor, date prisa en socorrerme".

[10.10.12] »Gracias a la visita del Espíritu Santo, el alma vuelve al sendero, el pensamiento se calma y el corazón recupera la atención. Me siento traspasado por una dicha inexpresable. Me arrastra un torrente de percepciones espirituales y el Señor retira de pronto el velo que cubría el conocimiento más profundo, que hasta ahora era un misterio para mí. Para que este estado de gracia se prolongue lo más posible repito una y otra vez con devoción "Dios mío, ven en mi auxilio; Señor, date prisa en socorrerme".

[10.10.13] »Me asedian pesadillas infernales y me perturban repugnantes visiones. El miedo me arrebata la esperanza de la salvación. Busco refugio en la seguridad del significado de estas pocas palabras y exclamo con todas mis fuerzas

"Dios mío, ven en mi auxilio; Señor, date prisa en socorrerme".

»Reconfortado por la consolación del Señor y por su cercanía, me siento como en compañía de miles de ángeles y saco fuerzas para enfrentarme por fin a mis peores miedos, esos demonios cuya sola mención me hacía temblar en cuerpo y alma. Los desafío a luchar y, para mantener el ánimo y la audacia durante más tiempo con la ayuda de Dios, repito una y otra vez "Dios mío, ven en mi auxilio; Señor, date prisa en socorrerme".

[10.10.14] »Alimentemos con este mantra el fuego de la oración. En la adversidad para salvarnos y en la prosperidad para no pecar de soberbios. Os lo repito de nuevo: recitad este versículo sin cesar. Cuando trabajéis, cuando desempeñéis algún cargo, cuando estéis de viaje... Nunca dejéis de repetirlo. Cuando os acostéis, cuando comáis, cuando respondáis a las necesidades de la naturaleza. Acabará siendo una fórmula de salvación. No solo os protegerá de los embates del enemigo, sino que os limpiará de las debilidades y faltas de la vida cotidiana. Al mismo tiempo, os elevará al inefable estado de plegaria ardiente reservado a muy pocos.

[10.10.15] »Que os sorprenda el sueño recitándola hasta que interioricéis la práctica hasta tal punto que la sigáis repitiendo mientras dormís. Que sea también lo primero que pensáis al despertar. Que preceda a cualquier pensamiento que se os ocurra a lo largo del día. Que os haga arrodillaros al salir de la cama, os envíe a vuestros quehaceres cotidianos y os acompañe durante toda la jornada. Meditaréis sobre ella según la ley de Moisés, cuando estéis en casa, cuando estéis de viaje, cuando os acostéis y también al despertar. La escribiréis en el umbral y en la puerta de los labios, en las paredes de vuestra casa y en las salas más profundas del corazón para que esté a vuestro lado cuando os arrodilléis a rezar y sea la plegaria a la que la atención retorna una y otra vez cuando os pongáis en pie para seguir con los asuntos y quehaceres cotidianos.

[10.11.1] »Que la mente se aferre siempre a esta fórmula repitiéndola una y otra vez y meditando sobre ella en profundidad hasta que aprenda a rechazar las abundantes y variadas riquezas del pensamiento y, abrazando la pobreza de las pocas palabras que la componen, llegue de forma natural a la dicha suprema que se esconde en las Escrituras: "Bienaventurados los pobres de espíritu, pues de ellos es el reino de los cielos", es decir, que quien profesa esta clase de pobreza cumple con las palabras del salmo: "Los pobres e indigentes bendecirán tu nombre".»

EN OTRO MOMENTO DE LA CONVERSACIÓN CON EL ABAD ISAAC

[10.12] «Te habíamos pedido que nos dieras las claves de la ciencia del espíritu, pero tú nos has dado las de la perfección, y además con la precisión y claridad que deseábamos —dijo Germán—. ¿Qué hay más elevado y sublime que destilar el recuerdo de Dios en una meditación tan breve, escapar del mundo de lo visible con un solo verso y abarcar con unas pocas palabras todos los sentimientos que genera la plegaria?

»Hay una última cosa que quisiéramos aprender: cómo retener y fijar el mantra en la mente de modo que, una vez libres de preocupaciones mundanas con la ayuda de Dios, podamos concentrar la atención en los asuntos del espíritu.

[10.13.1] »A menudo sucede que, cuando comprendemos por fin el significado de un fragmento de los Salmos, la mente lo descarta sin darse cuenta y se fija de inmediato en otro pasaje de las Escrituras, pero, antes de terminar de estudiarlo a fondo, lo abandona, salta a un tercero y olvida el anterior para, poco después, dejarse arrastrar a un nuevo lugar por otra asociación intrusiva. Va dando tumbos de salmo en salmo; salta del Evangelio a san Pablo y de ahí a los profetas, y más tarde a alguna historia espiritual. Vaga de acá para allá por las Escrituras, incapaz de retener o profundizar en nada, solo tocando de manera superficial los pensamientos del espíritu sin concentrarse en uno o producirlo ella misma.[41] [10.13.2] Así, siempre inconstante y frívola, se deja seducir por cualquier cosa, incluso durante la liturgia, como si estuviese borracha, y, como es natural, no cumple con sus obligaciones. Durante la oración, por ejemplo, se acuerda de una lectura; cuando hay que cantar no se concentra en el texto, y cuando toca leer en voz alta recuerda una tarea pendiente o ya terminada. Así, ni acepta ni rechaza nada de manera disciplinada o provechosa y se comporta de forma aleatoria, como si no tuviera voluntad para guardar lo que le interesa.

[10.13.3] »Por eso necesitamos ante todo saber cómo cumplir con las obligaciones espirituales que nos corresponden o, al menos, cómo poner toda la atención en el mantra que nos has proporcionado para que seamos nosotros quienes llevemos las riendas del pensamiento y no se nos desboque la mente.»

[10.14.1] «Creo haber respondido a esta pregunta cuando hablábamos de la oración, pero, ya que me pedís que me extienda sobre el tema, os explicaré en pocas palabras la manera de fortalecer el ánimo. Tres prácticas dan consistencia a la mente: la vigilia nocturna, el estudio de las Escrituras y la oración. Quien persevera y se concentra en ellas adquiere una fuerza de voluntad inquebrantable.

[10.14.2] »Ahora bien, tened en cuenta que no lo lograréis a no ser que os entreguéis al trabajo cotidiano sin egoísmo, es decir, movidos por las necesidades sagradas de la comunidad. Para cumplir el precepto de san Pablo de orar sin cesar hay que desprenderse de las preocupaciones y cuidados de la vida presente. Quien reza solo cuando se arrodilla, reza muy poco; pero quien se abandona a la distracción cuando se arrodilla a rezar, no reza nada en absoluto. Para que la mente se comporte como corresponde durante la oración, hay que prepararla antes de comenzar, pues su actitud depende por completo de lo que ha estado haciendo antes. Ascenderá a los cielos o se desplomará en la tierra según los pensamientos que la tuvieran ocupada antes de la plegaria.»

[10.14.3] Así concluyó nuestra segunda visita al abad Isaac, que nos dejó maravillados. Durante la enseñanza sobre la meditación nos confió ese breve versículo que los novicios deben tener siempre presente. Estábamos rebosantes de admiración y deseábamos ponerlo en práctica y dominarlo por completo, pues creíamos que nos había enseñado un método de concentrar la atención fácil y rápido. Sin embargo, no tardamos en darnos cuenta de que era aún más difícil que nuestra práctica anterior, que consistía en dejar la mente vagar por las Escrituras sin prestar atención a nada durante mucho rato.

Que conste que perfeccionar el corazón es una tarea al alcance de todas las personas. No saber leer o haberse criado en el campo no es impedimento para adquirir lucidez de corazón y serenidad de espíritu. Todo el mundo puede hacerlo, siempre y cuando mantenga el pensamiento atento en Dios por medio de la meditación continua en este mantra.

LOS RECUERDOS

CASIANO Y GERMÁN CONVERSAN CON EL ABAD NESTEROS, UN ANACORETA DE PANEFISIS

[14.10.1] «Para adquirir el verdadero conocimiento de las Escrituras, lo primero es desarrollar a fondo la virtud de la humildad de corazón, pues esta os hará compasivos, y la compasión os conducirá a ese conocimiento que os ilumina en lugar de haceros arrogantes. No olvidéis que una mente turbia nunca dominará la ciencia del significado de las Escrituras.[42] Por lo tanto, procurad que la devoción por el estudio no os acabe destruyendo por medio de la arrogancia y la vanidad, en lugar de generar la luz del conocimiento y la gloria eterna que ella promete a quienes se consagran al aprendizaje.

[14.10.2] »En segundo lugar, después de haberos desprendido de la obsesión por lo terrenal, esforzaos por entregaros de forma asidua, o mejor dicho, continua, al hábito de la lectura espiritual para que la meditación y la reflexión constantes os impregnen la mente y la moldeen a su imagen y semejanza, por decirlo de alguna manera. Harán de ella un Arca de la Alianza donde se guardan las dos tablas de piedra que representan la solidez eterna del Antiguo y el Nuevo Testamento; un cáliz de oro, símbolo de la memoria clara y profunda que conserva en perfecto estado el maná, es decir, la dulzura eterna del pan de los ángeles (que es la ciencia del espíritu); y la vara de Aarón, símbolo de salvación de nuestro único y soberano pontífice Jesucristo, siempre en flor gracias a la frescura de su eterna memoria. [14.10.3] Jesucristo es la vara nacida de la raíz de José, que murió para volver a la vida con más vigor.

»Dos querubines, que simbolizan la plenitud tanto de la ciencia histórica como de la espiritual,[43] guardan el Arca, el cáliz y la vara. Los querubines significan lo conocido, vigilan el santuario de Dios, es decir, la paz de vuestro corazón, y os protegerán de los ataques del enemigo. De este modo, gracias a una serenidad imperturbable, el alma, concentrada por completo en el estudio del conocimiento espiritual, será transportada no solo al Arca de la Alianza, sino incluso al reino sacerdotal, y cumplirá el precepto que nos impone el Levítico: "No abandonará los lugares santos para no manchar el santuario de Dios". Dicho santuario es vuestro corazón, donde el Señor prometió habitar por siempre cuando dijo "habitaré en ellos y caminaré entre ellos".

[14.10.4] »Ese es el motivo por el que se recomienda aprender las Escrituras de memoria y recitarlas para uno mismo todo el tiempo. La meditación continua os beneficiará de dos maneras: la primera es que mientras tengáis la atención puesta en leer y memorizar no os asaltarán los pensamientos tóxicos, y la segunda es que mientras estudiamos un pasaje leyéndolo una y otra vez, quizá no lo comprendamos a fondo de inmediato, pero cuando aprendemos a ignorar las distracciones y lo meditamos en silencio, sobre todo por las noches, lo vemos con mucha más claridad. Incluso a veces, cuando estamos entregados al sueño, comprendemos los significados profundos que se nos han escapado durante el día.

[14.11.1] »A medida que el estudio transforme y moldee la mente, percibiremos que las Escrituras cambian. Es como si la belleza que nace de la comprensión profunda creciera con nosotros. El texto sagrado se adapta a la capacidad de quien lo lee, por eso a las personas carnales les parece terrenal y a las espirituales, divino. En consecuencia, quienes lo ven envuelto en una niebla tenebrosa no son capaces de distinguir su sutileza ni de mirar fijamente su brillo.

»Un simple ejemplo tomado de las Escrituras demuestra que los mandamientos se aplican a todas las personas, pero a cada una según el estado en que se encuentra. [14.11.2] El mandamiento, por ejemplo, dice "no cometerás adulterio". La persona que aún no ha aprendido a resistir los impulsos de la carne debe, por su propio bien, obedecer al pie de la letra lo escrito, pero quien ya haya renunciado a las pasiones y se haya deshecho de esa mentalidad impura, buscará el sentido espiritual del mandamiento, no el literal, es decir, se alejará de los rituales idólatras y de las supersticiones paganas, los augurios, los presagios y las cartas astrológicas, así como de las varias formas de leer el futuro a partir de la interpretación de ciertas palabras y signos, que profanan la sencillez de nuestra fe.»[44]

EN OTRO MOMENTO DE LA CONVERSACIÓN
CON EL ABAD NESTEROS

[14.11.15] «Pero incluso quien consigue sortear estos obstáculos —dijo Nesteros—, debe cuidarse de no cometer adulterio a causa de pecados más sutiles como la divagación y la distracción, ya que a ojos del hombre interior cada idea ociosa, cada pensamiento que lo aleja de Dios, por poco que sea, es equiparable al adulterio más obsceno.»

(Habla Casiano) Al oír aquellas palabras sentí una fuerte punzada de remordimiento y se me escapó un profundo gemido. «Las razones que con tanta elocuencia has expuesto hacen que me dé cuenta de que estoy aún más perdido de lo que creía —me lamenté—. Y es que, además de luchar contra las habituales trampas del alma en las que cae el común de los mortales, entre la salvación y yo se interpone un obstáculo particular: mis conocimientos de literatura. Me adentré en ella tanto por la insistencia de mi profesor como por inclinación propia, así que ahora tengo la mente tan llena de poesía que incluso durante la plegaria me distraigo con las fábulas y epopeyas que leía cuando iba a la escuela.[45] Cuando recito los Salmos o rezo por el perdón de mis pecados, de pronto me importuna el recuerdo de algún poema, o la imagen de unos guerreros que se lanzan a la batalla flota ante mis ojos impidiéndome ascender a la contemplación de lo divino, y no puedo librarme de ellas ni siquiera por medio del llanto diario.»

[14.13.1] «Ese problema que te ha hecho desesperar de la salvación tiene un remedio rápido y eficaz: aplícate al estudio y la meditación de los textos sagrados con el mismo interés y la misma perseverancia con que te aplicabas a la literatura. Te distraerás con esos poemas y batallas hasta que, con la misma asiduidad y esfuerzo, consigas concentrarte en nuevos temas de meditación y consagrarte a lo espiritual y divino en lugar de a lo improductivo y terreno.

[14.13.2] »Una vez que acostumbres la mente a esos nuevos temas y comiences a desarrollarlos en profundidad, no tardarás en deshacerte poco a poco del conocimiento antiguo. Ten en cuenta que la mente no es capaz de vaciarse de pensamientos y, si no la orientamos a lo espiritual, vuelve una y otra vez a lo aprendido en otro tiempo. Si no tiene algo con lo que ejercitarse, es inevitable que dirija su inagotable energía a lo que aprendió en la infancia y dé vueltas alrededor de lo conocido, lo repetido y lo antiguo.

[14.13.3] »Por lo tanto, necesitas que el conocimiento espiritual eche raíces duraderas y profundas en tu mente. No debe ser para ti un disfrute pasajero, como para esas personas que la absorben por referencias y no por experiencia y lo perciben como quien percibe de pronto una especie de aroma en el aire. Por el contrario, debes hacer que penetre en tu corazón y se funda con tus sentidos como si lo hubieras tocado y digerido, como si lo hubieras mirado mil veces. Para eso, recurre a este principio: no escuches con desdén lo que dicen los demás, incluso si hablan de temas que conoces de sobra. Al contrario, guarda sus palabras en el corazón con el mismo entusiasmo con el que el oído escucha o la boca pronuncia palabras de salvación. [14.13.4] Por mucho que se repitan, el alma que anhela el conocimiento espiritual no se sacia nunca de los temas sagrados, al contrario, los escucha como si fuera la primera vez y llevara esperándolos mucho tiempo. Cuanto más se nutra de ellos, más querrá escucharlos y comentarlos. La repetición no solo no le resulta tediosa, sino que le sirve para verificar el conocimiento adquirido. El alma arrogante y desidiosa recibe con desdén e indiferencia la medicina de las palabras de salvación, aunque se las ofrezcan con insistencia y celo. Por eso dicen las Escrituras que "el hombre ahíto desprecia la miel, pero para el hambriento lo amargo es dulce".

[14.13.5] »Si recibes la doctrina con atención y la almacenas con delicadeza en una habitación silenciosa al fondo de la mente, cuando haya envejecido gracias a la paciencia y a la madurez del pensamiento, saldrá de la botella del corazón como un suave y fragante vino que alegra el ánimo y manará sin cesar de las venas de la sabiduría y las arterias de la experiencia como el agua de una fuente eterna que se alimenta del océano sin fondo del alma.»

LOS DESPISTES

CASIANO Y GERMÁN CONVERSAN
CON EL ABAD THEONAS DE SCETIS

[23.5.7] «Es imposible —dijo Theonas— que la mente, siempre distraída por las preocupaciones y abrumada por los problemas, se halle en estado de contemplación de Dios a todas horas. Al santo más austero, tenaz y experimentado lo asaltan la distracción y la tentación. [23.5.8] Al asceta más apartado del mundo y de los seres humanos le vienen pensamientos inútiles. Nadie vive en tan perfecta y continua contemplación de Dios que se libre por completo de las preocupaciones terrenales. Nadie mantiene el espíritu tan encendido de fervor que no se vea de vez en cuando arrojado de los cielos a la tierra porque una fantasía le ha robado la concentración. Distracciones aparte, ¿quién no se ha quedado medio dormido alguna vez en el momento de elevar la plegaria a Dios y le ha ofendido sin querer cuando lo que pretendía era pedir perdón por sus pecados? [23.5.9] ¿Quién tiene tal autodominio y tal poder de concentración que nunca se distrae de las Escrituras cuando canta los Salmos? ¿Quién tiene una amistad tan grande con Dios que pueda decir que ha cumplido un solo día el mandato de san Pablo de rezar sin cesar?

»Sin duda, para quienes cometen faltas mucho peores, estos despistes son nimiedades que nada tienen que ver con el pecado. Por el contrario, a quienes somos conscientes de la grandeza de la perfección nos parecen gravísimos.»

EN OTRO MOMENTO DE LA CONVERSACIÓN
CON EL ABAD THEONAS

[23.9.1] «Los santos que se aferran con firmeza al recuerdo de Dios como si caminaran por cuerdas suspendidas en las alturas pueden compararse, con toda razón, a los equilibristas. Se juegan la vida en lo alto de un estrechísimo alambre y saben muy bien que un solo paso mal dado, un titubeo siquiera, les separa de la muerte.

[23.9.2] »Cuando caminan por las alturas con maravillosa destreza tienen que ser absolutamente precisos y estar completamente concentrados en el alambre, de lo contrario, el suelo, que para los demás es la base natural y el cimiento más firme y seguro, se vuelve de inmediato su perdición, no porque este cambie de naturaleza, sino porque el peso de sus cuerpos los empuja hacia abajo. Cosa parecida puede decirse de la inagotable bondad de Dios y de su esencia inmutable: no dañan a nadie. Somos nosotros quienes nos damos muerte al abandonar los cielos por el abismo. La caída es la muerte para el que cae.

[23.9.3] »Clama un profeta: "¡Ay de ellos por haber huido de mí! ¡Desdichados por rebelarse contra mí!". Y en otra parte: "¡Desdichados también cuando yo me aparte de ellos!", ya que, en palabras de otro, "tu propia maldad te castiga. Reconoce que apartarte del Señor, tu Dios, es malo y amargo". También dicen los Proverbios: "Al hombre lo aprisionan los lazos de sus pecados". En estos fragmentos se ve a quién increpa Dios: "Los que prendéis hogueras y encendéis antorchas, caminad a la luz de vuestras hogueras y de las antorchas que habéis encendido", y "el que esparce el mal en él perece".»

LA VIDA RETIRADA

CASIANO Y GERMÁN CONVERSAN
CON EL ABAD ABRAHAM DE DIOLKOS

[24.1.2] Aunque no nos gustaba admitirlo, le confesamos al abad Abraham el desasosiego que de un tiempo a esa parte nos producía el deseo de regresar a nuestro país y ver de nuevo a la familia. El deseo surgía del recuerdo de su devoción, que era tanta, que estábamos seguros de que no pondrían inconvenientes a la vida que habíamos elegido. Creíamos que sus cuidados nos ayudarían a progresar. Con su apoyo, no nos distraeríamos con los quehaceres cotidianos o buscando un medio de subsistencia, pues ellos nos proporcionarían todo cuanto necesitáramos. [24.1.3] También albergábamos vanas esperanzas de convertir a mucha gente al sendero de la salvación[46] con nuestro ejemplo y nuestras palabras. Además, también se nos aparecía la imagen de las posesiones de nuestros padres, que están dotadas de una singular belleza. Imaginábamos los hermosos y solitarios parajes en los que un monje puede dedicarse a la vida retirada y proveerse de abundante alimento.

[24.2.1] Se lo confesamos sinceramente al anciano Abraham, y dijimos entre lágrimas que no podíamos soportar más tiempo lo intenso de aquel anhelo, a no ser que la gracia de Dios acudiera en nuestro socorro, mediante la solución que él nos ofreciera. Estuvo en silencio mucho rato y después dijo con un suspiro:

«Lo endeble de vuestras palabras demuestra que aún no habéis renunciado del todo a los deseos terrenales ni os habéis desprendido por completo de los antiguos hábitos. Esos anhelos llenos de desidia son prueba de un corazón apático. La separación de la familia es para vosotros algo físico, no espiritual, como debería ser. Si comprendierais de verdad el significado de la renuncia y el motivo por el que escogemos la vida retirada y solitaria, hace tiempo que habríais desterrado del corazón esa clase de pensamientos. [24.2.2] En mi opinión, sufrís de esa pereza de la que habla el libro de los Proverbios cuando dice "el perezoso desea y nada alcanza" y también "los deseos del perezoso son su muerte".

»También yo dispongo de las comodidades de las que me habláis. También yo podría aprovecharme de ellas si las creyera adecuadas a mi fin último o si pensara que el beneficio que me producen compensa el que obtengo de estos parajes solitarios y desolados. También mis padres y familiares me apoyarían y me mantendrían a sus expensas. Sin embargo, he decidido gobernar mi vida de acuerdo con las palabras del Evangelio, que nos exhorta a despreciar aquello que complazca al cuerpo: "Quien no abandona a su padre, a su madre, a su esposa, a sus hijos y a sus hermanos no puede ser mi discípulo".

[24.2.3] »Incluso si careciera de cualquier sustento por parte de mi familia, siempre podría recurrir a los favores de los poderosos de este mundo, que accederían gustosos a proporcionarme todo cuanto les pidiera sin pensarlo dos veces. Gracias a su generosidad no tendría que preocuparme de cómo sobrevivir. Sin embargo, me lo impide la pavorosa maldición del profeta, "maldito el que pone su confianza en el hombre" y la palabra de los Salmos "no confiéis en los príncipes".[47]

»Si hubiera construido mi celda a orillas del Nilo, me ahorraría el trabajo de caminar cuatro millas acarreando agua, pero me consuelo con las palabras del Apóstol: "Cada cual recibirá su recompensa conforme a su esfuerzo". [24.2.4] Soy consciente de que en mi país hay bellos lugares donde la fruta es abundante y los huertos, generosos, con lo que tendría lo necesario para vivir sin esforzarme, pero me intimida lo que el Evangelio le reprocha al rico: "Acuérdate de que has recibido tus bienes en esta vida". Si he renunciado a esas cosas, si las he rechazado junto con el resto de los placeres del mundo y ya solo me complazco en el desierto; si prefiero la desnudez de estos parajes solitarios a la belleza del mundo; si para mí la tierra más fértil no tiene comparación con la amarga soledad de estas arenas, es porque mi fin último no son las ganancias pasajeras del mundo, sino los bienes eternos del espíritu.

[24.2.5] »No basta, para los monjes, con renunciar a la vanidad una sola vez, al principio de su vida monástica. El voto de pobreza hay que hacerlo a diario repitiendo las palabras del profeta: "Tú sabes, Señor, que no he deseado el día del hombre", que coinciden con lo que dice el Señor en el Evangelio: "Si alguno quiere venir en pos de mí, que se niegue a sí mismo, tome cada día su cruz y me siga".

[24.3.1] »Así, quienes escogemos vivir buscando la lucidez del hombre interior debemos construir una morada fija en algún lugar donde no nos distraiga el cultivo ni la cosecha, ni tengamos que desplazarnos y trabajar al aire libre, porque de lo contrario se nos dispersará el pensamiento en mil direcciones, perderemos la concentración y olvidaremos nuestro objetivo inmediato. [24.3.2] Por muy diligentes que seamos, a no ser que nos sometamos a una reclusión tanto física como mental, nos distraeremos y perderemos la concentración sin darnos cuenta. Debemos ser como un experto pescador que atrapa su presa siguiendo las enseñanzas de los apóstoles: concentrado, silencioso e inmóvil, observa las profundidades como posado sobre un saliente y calcula con astucia qué pensamiento atraer hacia sí y cuál descartar como si fuera una especie venenosa. [24.4.1] Quien persevera en la atención cumple con lo que decía el profeta Habacuc: "Yo estaré de centinela en mi puesto, a pie firme en mi torre, atento a ver qué me dice y qué respondo en mi defensa".

»El ejemplo de los monjes del desierto de Cálamo y Porfirio demuestra el esfuerzo y los sacrificios que exige este tipo de vida.[48] [24.4.2] Sus celdas están más lejos de cualquier ciudad o aldea que las de Scetis. Hay que viajar por el desierto durante siete u ocho días para llegar a ellas, pero viven consagrados a la agricultura, de modo que cuando visitan la árida llanura donde yo habito, o la de Scetis, los pensamientos los agobian y la ansiedad los asalta como a novicios que aún no saben vivir en soledad y no pueden quedarse en la celda ni soportan el silencio del retiro, por lo que se lanzan al exterior agitados y nerviosos. [24.4.3] No saben dominar las energías del hombre interior ni capear las tempestades del pensamiento con atención constante y concentración inquebrantable. Mientras trabajan la tierra de sol a sol, concentran el cuerpo en lo físico, pero la mente se les distrae con mil pensamientos. Ignorantes de la inconstancia de la mente, son incapaces de frenarla. Al no soportar el anhelo del espíritu, son incapaces de vivir en el silencio. Incansables cuando trabajan la tierra, la inactividad los vence y el descanso los agobia.

[24.5.1] »Es lógico que al monje que vive retirado con sus pensamientos lo atosigue la angustia. También lo es que al salir de la celda los pensamientos se le escapen y echen a galopar en mil direcciones como caballos desbocados. Mientras corren por ahí, el monje disfruta de un momento de paz breve y triste, porque cuando vuelva a la celda, el rebaño volverá con él, como una bestia que regresa a casa, y su habitual falta de control sobre ellos lo encolerizará más aún. [24.5.2] Muchos monjes no tienen fuerza de voluntad. Es inevitable que una incurable frustración los embosque en la celda y los atormente sin compasión. En esos casos, si abandonan la austeridad de la regla o se permiten salir más a menudo, lo único que conseguirán es agravar el mal que los aflige. Es lo mismo que les sucede a quienes creen que aplacarán la fiebre bebiendo agua fría, cuando así lo único que hacen es avivar su fuego, no sofocarlo. Experimentan un momentáneo alivio, pero después empeoran. [24.6.1] Por lo tanto, quienes nos consagramos a la vida monástica debemos fijar la atención y el pensamiento en un solo objetivo: el recuerdo de Dios. Es algo parecido al arquitecto que, para construir una bóveda, debe trazar una circunferencia alrededor de su centro con precisión absoluta y seguir las medidas resultantes para levantar una estructura perfectamente redonda.[49] [24.6.2] Por mucho que confíe en su talento, quien intente llevar a cabo la tarea sin tener en cuenta el centro descubrirá que es imposible tanto construir a ojo una estructura redonda sin equivocarse como calcular cuánto se ha desviado de la proporción de las líneas. Hay que volver una y otra vez al punto central para confirmar la exactitud de los cálculos e ir ajustando el interior y el exterior de la bóveda al mismo tiempo que se construye. Observad, pues, cómo un solo punto es la referencia clave de un edificio enorme.[50] [24.6.3] La mente humana funciona de forma parecida. Los monjes debemos hacer del amor de Dios el centro fijo e inmutable de nuestras obras y planes, y aceptar o rechazar los pensamientos de acuerdo con ese exacto compás de amor, si me permitís la expresión. De lo contrario, la mente no será capaz de erigir ese edificio espiritual cuyo arquitecto es san Pablo, ni de admirar las proporciones de la casa que el santo profeta David quería levantarle al Señor en su corazón cuando decía "he amado la belleza de tu casa, el lugar donde se asienta tu gloria". Construirá en el corazón una casa indigna del Espíritu Santo, que se vendrá abajo sin remedio y, además de no acoger nunca al Divino Huésped, aplastará a la mente bajo sus propias ruinas.»

EN OTRO MOMENTO DE LA CONVERSACIÓN CON EL ABAD ABRAHAM

[24.18] Germán dijo: «Las fantasías que alimentaban nuestro deseo de volver a la casa con la vana esperanza de que allí enriqueceríamos el espíritu, y que con tanta perspicacia has identificado, son numerosas y equivocadas, pero la principal es la siguiente: recibimos de continuo la visita de otros monjes y ello nos impide consagrarnos por completo a la vida de retiro y silencio que tanto deseamos. Cuando vienen, tenemos que interrumpir la abstinencia y la renuncia a la que hemos decidido consagrarnos con el fin de disciplinar el cuerpo.

Sin duda, esto no sucedería en nuestro país, donde es raro, por no decir imposible, encontrarse con otro monje».

[24.19.1] «Negarse a recibir visitas es una medida demasiado estricta y no muy prudente —dijo Abraham—. Incluso diría que es señal de falta de temple. Nadie, ni de entre los santos ni de entre la gente común, quiere visitar a alguien que camina arrastrando los pies por la senda que ha elegido y es incapaz de cambiar los viejos hábitos. Por el contrario, si os mueve un amor sincero y perfecto por el Señor y seguís a Dios, que es amor, es inevitable que os visiten. Cuanto más os acerque a Dios el amor divino, más monjes acudirán a vuestro encuentro, [24.19.2] pues, como dice el Señor, "una ciudad construida en lo alto de una montaña no se puede ocultar". No olvidéis que también dijo "honraré a los que me aman y tendré en poco a los que me desprecian". Tened en cuenta, además, que robarnos los beneficios del esfuerzo diario con grandes promesas es el engaño más artero del demonio, la astuta trampa con la que atrapa a los desdichados y a los imprudentes. Los convence de retirarse a lugares más remotos y solitarios diciéndoles que son maravillosos y que no hay problema en instalarse en ellos. También les habla de sitios inexistentes, que ellos se imaginan acogedores y familiares, [24.19.3] y les dice que quienes viven allí son dóciles y están deseando que alguien los conduzca al camino de la salvación. Así, alimenta sus falsas esperanzas de cosechar enormes beneficios espirituales mientras les arrebata lo que han ganado. A causa del engaño, se alejan de la compañía de los ancianos y, cuando las ilusiones se esfuman, se despiertan como de un sueño profundo para descubrir que lo que habían soñado no existe. [24.19.4] A partir de ahí, las servidumbres e intrincadas trampas de este tipo de vida los atrapan y el demonio no les da un instante de reposo para recordar lo que les había prometido ni les permite volver a la simple y disciplinada vida monástica ni celebrar como antes las escasas y espiritualmente elevadas reuniones con los hermanos, porque los tiene sometidos a las continuas interrupciones de personas no religiosas.

[24.20.1] »Reconozco que esas visitas que tanto queréis evitar son a veces un incordio, pero lo cierto es que el breve descanso que nos proporciona practicar la hospitalidad también se agradece [20.4.2] y es beneficioso tanto para el cuerpo como para el alma. Con frecuencia sucede, y no solo a jóvenes y débiles novicios, sino a monjes adultos y experimentados, que, si no nos permitimos romper la monotonía y relajar un poco la intensa concentración a la que nos sometemos, caemos en un estado de apatía espiritual o incluso contraemos alguna enfermedad física. Por consiguiente, quienes nos retiramos del mundo para practicar la perfección no solo debemos tolerar que las visitas de nuestros hermanos nos interrumpan, sino que debemos agradecérselas de corazón por dos motivos. [24.20.3] En primer lugar, nos hacen desear volver a la soledad del desierto (aunque parezca que nos interrumpen, en realidad nos arrancan de las garras de la monotonía. Quien no encuentra algún obstáculo en el camino no consigue mantener el ritmo durante todo el trayecto). En segundo lugar, la compañía nos permite recuperar fuerzas. Un descanso a tiempo produce más beneficios que los que habríamos obtenido perseverando en la disciplina y la abstinencia. A propósito de este asunto, voy a contaros una anécdota muy conocida.

[24.21.1] »Dicen que un día un filósofo que iba de caza vio a Juan el Evangelista entretenido acariciando a una perdiz. Se quedó atónito de que alguien tan famoso y respetado se distrajera con cosas tan infantiles y vulgares. Le dijo:[51] "¿Eres tú el famoso y eminente Juan al que llevo tanto tiempo deseando conocer? ¿Por qué pierdes el tiempo con aficiones tan ridículas?".

[24.21.2] »Le preguntó Juan a su vez: "¿Qué llevas en la mano?".

»"Un arco", respondió el otro.

»"¿Y por qué no lo llevas siempre tenso?"

»"Porque de ese modo se pondría demasiado flexible, perdería la potencia y no serviría para cazar".

[24.21.3] »"No te extrañes pues, joven, de que yo le conceda un breve descanso al espíritu de vez en cuando, pues si no lo liberara de vez en cuando de la concentración, se pondría demasiado flexible a causa del esfuerzo y no respondería como debe cuando fuera necesario."»

FIN DE LA CONVERSACIÓN CON
EL ABAD ABRAHAM Y DE *LAS COLACIONES*

[24.26.18] Esta fue la conversación que mantuvimos con el abad Abraham acerca de la causa y la cura de nuestro error. Nos enseñó a evitar las astutas trampas que se escondían en las ideas que el demonio nos había susurrado en aquella ocasión y también encendió en nosotros el deseo de descubrirlas y evitarlas en lo sucesivo. Aunque esté escrito con prosa desabrida, creo que a quienes lean este libro se les despertará el mismo deseo. Las brasas de mi elocuencia apenas si transmiten el fuego del pensamiento de los Padres del Desierto, pero quizá ayuden a entrar en calor a mucha gente que quizá utilice las cenizas de mis palabras para reavivar la llama de la atención.

Venerables hermanos, si he decidido acercaros este fuego que Dios ha traído a la tierra con el deseo de que arda eternamente no ha sido por presunción ni pretendo con mi libro alimentar las ya de por sí vivas llamas de vuestra devoción. Mi única intención ha sido que podáis enseñar a los novicios, no con el sonido de un puñado de palabras vacías, sino con el ejemplo de vuestra propia conducta y la sabiduría de los excelentes y antiquísimos Padres del Desierto.

En cuanto a mí, solo espero que, después de viajar de acá para allá y de capear las más feroces tormentas, la brisa espiritual de vuestras plegarias me conduzca hasta el puerto seguro del silencio.

NOTAS

1. Para el contexto histórico del autor, ver Jaimie KREINER, *The Wandering Mind: What Medieval Monks Tell Us about Distraction*, Liveright, Nueva York, 2003.

2. Inbar GRAIVER, *Asceticism of the Mind: Forms of Attention and Self-Transformation in Late Antique Monasticism*, Pontifical Institute of Mediaeval Studies, Toronto, 2018; Jessica L. WRIGHT, *The Care of the Brain in Early Christianity*, University of California Press, Oakland, 2022.

3. David BRAKKE, *Demons and the Making of the Monk: Spiritual Combat in Early Christianity*, Harvard University Press, Cambridge, MA, 2006.

4. Columba STEWART, *Cassian the Monk*, Oxford University Press, Nueva York, 1998, 107; Philip

Rousseau, «Cassian, Contemplation and the Coenobitic Life», en *Journal of Ecclesiastical History* 26 (1975), pp. 113-126.

5. Más sobre Casiano y su época en Columba Stewart, *Cassian the Monk*; Richard J. Goodrich, *Contextualizing Cassian: Aristocrats, Asceticism, and Reformation in Fifth-Century Gaul*, Oxford University Press, Oxford, 2007.

6. *Sayings of the Desert Fathers* [=*AP/G*], edición y traducción de la reverenda Benedicta Ward, Cistercian Publications, Kalamazoo, MI, 1984, pp. 112-115. Además de en esta colección alfabética, Casiano también aparece en varias versiones de la colección sistemática de la base de datos *Monastica*: https://monastica.ht.lu.se/

7. Ferrando, *Vita Fulgentii* 8, traducido por Robert B. Eno con el título de «Life of the Blessed Bishop Fulgentius», en *Fulgentius: Selected Works*, Catholic University of America Press, Washington DC, 1997; Jonás de Bobbio, *Vita Iohannis* 18, traducido por Alexander O'Hara e Ian Wood, con el título de «Life of John of Réomé», en *Jonas of Bobbio: Life of Columbanus, Life of John of Réomé, and Life of Vedast*, Liverpool University Press, Liverpool, 2017; *Regula Benedicti* 42,

Timothy Fry et al., eds., traducido con el título de *RB 1980: The Rule of St. Benedict in Latin and English with Notes*, Liturgical, Collegeville, MN, 1981. Sobre los inciertos orígenes de la regla benedictina y su fría acogida inicial, ver Albrecht Diem, *The Pursuit of Salvation: Community, Space, and Discipline in Early Medieval Monasticism, with a Critical Edition and Translation of the "Regula cuiusdam ad uirgines"*, Brepols, Turnhout, 2021, pp. 331-345.

8. Para saber más sobre la ética de Casiano, consultar Niki Kasumi Clements, *Sites of the Ascetic Self: John Cassian and Christian Ethical Formation*, University of Notre Dame Press, Notre Dame, 2020; Stewart, *Cassian the Monk*. Para la influencia de Casiano, consultar Conrad Leyser, *Authority and Asceticism from Augustine to Gregory the Great*, Clarendon, Oxford, 2000, pp. 33-61; Albrecht Diem, *Das monastische Experiment: Die Rolle der Keuschheit bei der Entstehung des westlichen Klosterwesens*, LIT, Múnich, 2004, pp. 95-114; Albrecht Diem, *Pursuit of Salvation*, pp. 538-554. Para saber más acerca de la diversidad en la cultura monástica, consultar *The Cambridge History of Medieval Monasticism in the Latin West*, vol. 1, *Origins to the Eleventh Century*,

Alison I. Beach e Isabelle Cochelin, eds., Cambridge University Press, Cambridge, 2020.

9. Como señala en la introducción a cada parte, Casiano escribió las *Colaciones* en tres etapas: su plan inicial era que la obra constara de diez libros, pero finalmente amplió el texto dos veces (con los libros 11-17 y 18-24).

10. Mihaly Csikszentmihalyi, *Beyond Boredom and Anxiety: The Experience of Play in Work and Games*, San Francisco, Jossey-Bass, 1975, con añadidos de Isabella Csikszentmihalyi.

11. La edición estándar en latín es *Johannis Cassiani Opera Pars II: Conlationes XXIIII*, Michael Petschenig ed., Corpus Scriptorum Ecclesiasticorum Latinorum 13, Österreichische Akademie der Wissenschaften, Viena, 1886. La traducción completa en español es Juan Casiano, *Colaciones* (2 volúmenes), edición de León María Sansegundo y Próspero Sansegundo, monjes benedictinos, Rialp, Madrid, 2019 (3.ª edición).

12. Eugipio, *Regula*, pp. 30-31 [=*Collationes* 12.2. pp. 1-3, 12.7. pp. 2-4, con algunos cortes], Fernando Villegas y Adalbert de Vogüé, eds., *Corpus Scriptorum Ecclesiasticorum Latinorum* 87,

Hölder-Pichler-Tempsky, Viena, 1976. Para los manuscritos de Casiano, consultar las ideas de Petschenig acerca de la tradición de los manuscritos en *Johannis Cassiani Opera Pars I*, en *Corpus Scriptorum Ecclesiasticorum Latinorum* 17, Österreichische Akademie der Wissenschaften, Viena 1888, pp. xxx-lxxi, xcv-ciiii.

13. Uno de los motivos por los que en este texto no hay referencias a las citas de la Biblia es que muchos lectores se las saltan cuando aparecen en letra cursiva o en notas al pie. El otro es que los propios mojes conocían tan al dedillo los libros de la Biblia que a menudo los límites entre sus palabras y las del texto sagrado se difuminaban. Quienes tengan interés en las citas bíblicas pueden acudir al aparato de notas de la traducción de la editorial Rialp (ver nota 11).

14. Hasta cierto punto, es una actitud a caballo entre la de Mark Polizzotti en *Sympathy for the Traitor: A Translation Manifesto*, MIT Press, Cambridge, MA, 2018, la de Edith Grossman en *Why Translation Matters*, Yale University Press, New Haven, CT, 2010, y la de Lawrence Venuti en *The Translator's Invisibility: A History of Translation*, Routledge, Londres 2008.

15. Ver 1.5.3 y 9.12.1. He utilizado tres traducciones inglesas de la Biblia (la del rey Jacobo, la de
Douay-Rheims y *A New English Translation of
the Septuagint*, Albert Pietersma y Benjamin
G. Wright eds., Oxford University Press, Oxford,
2014, a veces con pequeñas modificaciones. La
elección ha dependido del latín de Casiano, pues
los propios monjes utilizaban diferentes versiones
y traducciones y a menudo trabajaban de memoria.

16. *Collationes* 16.1 (no forma parte de esta antología).

17. Para los estoicos, *passio* significaba sobre todo
«emoción» en sentido negativo, es decir, cualquier
reacción o impulso emocional vinculado a conceptos erróneos sobre lo bueno y lo malo. Ver
Brad Inwood, *Ethics and Human Action in Early
Stoicism*, Clarendon, Oxford, 1985, pp. 127-181;
Richard Sorabji, *Emotion and Peace of Mind:
From Stoic Agitation to Christian Temptation*, Oxford University Press, Oxford, 2000. Casiano se
inspiró en el interés de los estoicos por superar
tales emociones para alcanzar un estado de serenidad e imperturbabilidad, pero también valoró
ciertos estados mentales que hoy clasificaríamos
como emocionales (véase, por ejemplo, 9.26),
por lo que he optado por una mezcla de traduc-

ciones que ponen de manifiesto el significado técnico de *passio*.

18. Luke DYSINGER, *Psalmody and Prayer in the Writings of Evagrius Ponticus*, Oxford University Press, Oxford, 2005, pp. 76-81; Augustine Michael CASIDAY, «*Apatheia* and Sexuality in the Thought of Augustine and Cassian», en *St. Vladimir's Theological Quarterly 45*, no. 4 (2001), pp. 359-394; STEWART, Cassian the Monk, pp. 42-47.

19. En 9.26-9.30, Casiano y Germán hablan con el abad Isaac sobre la importancia del llanto en la disciplina monástica.

20. Aunque Casiano suele usar el masculino singular conviene no olvidar que, además de un monasterio, también fundó un convento y que durante los siglos siguientes los monjes de la Galia consideraron los manuales textos «unisex». Ampliar en Albrecht DIEM, «The Gender of the Religious: Wo/Men and the Invention of Monasticism», en *The Oxford Handbook of Women and Gender in Medieval Europe*, Judith Bennett y Ruth Karras, eds., Oxford University Press, Oxford, 2013, pp. 432-446 y 437-440.

21. Ver Notas a la selección y la traducción.

22. Casiano parafrasea Filipenses 3:14 y cambia *skopos/destinatum* por *finis* para hacer decir a Pablo que «el premio de la suprema llamada» es el fin último (*finis*), ya que, como antes ha señalado, el apóstol dice en Romanos 6:22 que la vida eterna es el *finis*, mientras que el *scopos* es la brújula que los guiará a destino. Estamos ante un caso de exégesis monástica aplicada: para delinear el esquema conceptual de los objetivos a medio y largo plazo, el autor empareja dos pasajes de las Epístolas de san Pablo cuyas palabras clave están relacionadas con el tema que está tratando.

23. Útiles de escritorio cotidianos para los monjes: Roger BAGNALL, «The Educational and Cultural Background of Egyptian Monks», en *Monastic Education in Late Antiquity: The Transformation of Classical Paideia*, Lillian I. Larsen y Samuel Rubenson, eds., Cambridge University Press, Cambridge, 2018, pp. 75-100; Chrysi KOTSIFOU, «Books and Book Production in the Monastic Communities of Byzantine Egypt», en *The Early Christian Book*, William Klingshirn y Linda Safran, eds., Catholic University of America Press, Washington DC, 2007, pp. 48-66.

24. Ver Notas a la selección y la traducción.

25. Los seguidores de Evagrio, Casiano entre ellos, piensan que la persona y el pensamiento son entidades independientes y buscan la forma de detectarlo e identificarlo para evitar su influencia: ver por ejemplo 24.3.2, e Inbar GRAIVER, «"I Think" vs. "The Thought Tells Me": What Grammar Teaches Us about the Monastic Self», en *Journal of Early Christian Studies* 25 (2017), pp. 255-279.

26. El *lolium* o cizaña es una gramínea tóxica y resistente que se esconde entre los cereales cultivados. Tiene muy mala reputación en la literatura latina. Algunos botánicos antiguos pensaban que crecía de semillas defectuosas, es decir, con *vitia*, por eso es una metáfora ideal para Casiano. Paolo SQUATRITI, *Weeds and the Carolingians: Empire, Culture, and Nature in Frankish Europe, AD 750–900*, Cambridge University Press, Cambridge, 2022, pp. 114-123.

27. Para Casiano, el hombre interior u *homo interior* equivale a los pensamientos, sentimientos y orientación ética del individuo, que a su vez dependen de sus pensamientos y acciones: ver ROUSSEAU, «Cassian, Contemplation and the Coenobitic Life».

28. El llanto se consideraba señal de que el monje o la monja estaban emocionalmente entregados a sus objetivos y por lo tanto listos para entrar en contacto con lo divino. Ver 9.26.

29. En conversaciones posteriores (*Colaciones* 10.8-14 y 14.10-13) los abades Isaac y Nesteros darán más consejos sobre la utilidad de la memoria a Casiano y Germán.

30. Quizá Isaac y Casiano se refieran más a una cumbrera que a un pilar: ver Roger B. ULRICH, *Roman Woodworking*, Yale University Press, New Haven, CT, 2007, p. 296. En todo caso, la metáfora no es muy coherente con los principios de la arquitectura y además Casiano utiliza más adelante la palabra *culmen* con el significado de cumbre (9.7.4 y 10.8.4), sinónimo de *excelsa* (10.8.2).

31. *Simplicitas* y *humilitas*. Casiano juega con estos sustantivos para referirse al mismo tiempo a las características físicas de los pilares de un edificio (la sencillez constructiva y la baja altura) y los rasgos ideales del monje (la sinceridad y la modestia).

32. *Puras manus*: traducido como «santas» en ciertas versiones, pero con un evidente sentido de pure-

za o limpieza relacionado con el concepto de la lucidez de corazón (*puritas cordis*).

33. «Pero no» es una inserción de Casiano/Isaac en la cita de Joel 1:5 «despertad los que bebéis vino». La glosa refuerza el paralelismo con Isaías 29:9, citado a continuación.

34. Los monjes del cristianismo temprano representaban a menudo a los demonios como figuras negras, más concretamente como etíopes, a pesar de que algunos, entre ellos el abad Moisés de la primera conversación, lo eran. Esta imaginería provocó que en el cristianismo y en la región mediterránea se asociara el color de la piel con el otro, el mal, la sexualidad y el poder. Sin embargo, los monjes también se identificaban con el color negro, pues eran conscientes de que las apariencias no conducen a las verdades espirituales y que todas las personas son tan falibles como dignas de redención: lo negro puede ser blanco y viceversa, y todos somos blancos y negros al mismo tiempo. Ver Brakke, *Demons and the Making of the Monk*, pp. 157-181; Cord J. Whitaker, *Black Metaphors: How Modern Racism Emerged from Medieval Race-Thinking*, University of Pennsylvania Press, Filadelfia, 2019.

35. Para el sentido de la palabra *excessus* como éxtasis canalizado por Dios (frente a otros tipos de *excessus*), ver A.M.C. CASIDAY, , *Tradition and Theology in St. John Cassian*, Oxford University Press, Oxford, 2007, pp. 203-214; Stewart, *Cassian the Monk*, pp. 116-122.

36. *Pingues* en el original, «gordo», «grasiento», «tosco», pero también «fecundo», «fértil», «rico». Las connotaciones son positivas.

37. Sobre los numerosos significados de la palabra *compunctio* en esta sección, ver STEWART, *Cassian the Monk*, pp. 122-128.

38. Para Casiano y muchos otros cristianos de la Antigüedad tardía y la Alta Edad Media, el llanto era señal de entrega y atención genuina: la persona que lloraba sentía en carne propia las dimensiones éticas y la participación divina en lo que estaba viviendo. Ver Jamie KREINER, «A Generic Mediterranean: Hagiography in the Early Middle Ages», en *East and West in the Early Middle Ages: The Merovingian Kingdoms in Mediterranean Perspective*, Stefan Esders et al., eds., Cambridge University Press, Cambridge, 2019, pp. 202-217.

39. Isaac y Casiano se refieren al Salmo 101 de la Vulgata, que equivale al 102 de las ediciones modernas, que siguen la numeración de la Biblia hebrea.

40. *Materia* y *fórmula* son términos técnicos antiguos. En este capítulo aparecen traducidos de diversas maneras para plasmar su función pedagógica. Ver Mary CARRUTHERS, *The Craft of Thought: Meditation, Rhetoric, and the Making of Images, 400–1200*, Cambridge University Press, Cambridge, 1998, pp. 74-76; Philip ROUSSEAU, *Ascetics, Authority, and the Church in the Age of Jerome and Cassian*, Oxford University Press, Oxford, 1978, pp. 223-227.

41. Casiano y Germán caricaturizan una forma particular de *meditatio*, un pensamiento analítico y asociativo en el que los monjes y monjas unían diversos pasajes de la Biblia y de otros textos sagrados para comprender un tema en profundidad. Los críticos del método aducían que daba lugar a divagaciones; sus defensores, en cambio, lo veían como una técnica para controlar la libertad y el amplio alcance de la mente que beneficiaba al pensamiento crítico. Casiano y Germán vuelven sobre el tema en 10.14.3. Ver Conrad

Leyser, «*Lectio divina, oratio pura: Rhetoric and the Techniques of Asceticism in the Conferences of John Cassian*», en *Modelli di santità e modelli di comportamento: Contrasti, intersezioni, complementarità*, Giulia Barone, Marina Caffiero y Francesco Scorza, eds., Rosenberg e Sellier, Turín, 1994, pp. 79-105.

42. Este es precisamente el significado que Stewart da a la expresión «conocimiento espiritual» / *spiritalis scientia* en *Cassian the Monk*, p. 91.

43. Casiano y Nesteros se refieren a los diferentes niveles de significado de las Escrituras mencionadas en [14.8] (el fragmento no está incluido en la presente antología): la lectura histórica o literal y la profunda, que abarca la tropología (o doctrina ética de la Biblia), la alegoría (que predice la historia del cristianismo) y la anagogía (o sentido místico de las Escrituras encaminado a dar cuenta de la vida eterna).

44. Dado que las palabras de Nesteros se dirigen específicamente a los monjes y monjas, lo más seguro es que aluda a la práctica de usar la Biblia como oráculo abriéndola en una página al azar para recibir ayuda en un problema particular, o quizá a escuchar por azar una recitación de

la Escritura e interpretarla como signo de otra cosa. Incluso el famoso abad Antonio practicaba la bibliomancia, o al menos eso sugiere su hagiógrafo. Ver Robert Wiśniewski, *Christian Divination in Late Antiquity*, Amsterdam University Press, Ámsterdam, 2020, pp. 89-104.

45. En teoría, los romanos aprendían a leer y escribir en la escuela primaria (*ludus litterarius*) y de ahí pasaban a la poesía en la *schola grammatici*. Sin embargo, en el imperio había diversos sistemas educativos, de modo que los currículos eran menos estrictos. Ver Robert A. Kaster, «Notes on "Primary" and "Secondary" Schools in Late Antiquity», *Transactions of the American Philological Association* 113 (1983), pp. 323-346.

46. En este caso, la palabra *conversio* es probable que se refiera a una conversión a la vida monacal en lugar de la acepción más general de convertirse al cristianismo.

47. La severidad de Abraham es excesiva. La autosuficiencia era un valor fundamental en los monasterios egipcios de la época, pero la mayoría de los monjes, aunque insistieran en su independencia, contaban con el apoyo de mecenas laicos. Ver Peter Brown, *Treasure in Heaven: The Holy*

Poor in Early Christianity, University of Virginia Press, Charlottesville, 2016, pp. 71-108. Casiano critica las laxas actitudes de la Galia por medio de Abraham. Ver GOODRICH, *Contextualizing Cassian*, pp. 151-98; Peter BROWN, *Through the Eye of a Needle: Wealth, the Fall of Rome, and the Making of Christianity in the West, 350–550 AD*, NJ, Princeton University Press, Princeton, 2012, pp. 414-419.

48. En *Cassian the Monk*, pp. 139-140, Stewart señala que Abraham se refiere al agreste Mons Porphyrites o Jabal Abu Dukhan, que se encuentra en el desierto oriental de Egipto, entre el Nilo y el mar Rojo.

49. De ese trabajo se ocupaban los carpinteros, que construían una estructura de madera, la cimbra, antes de que se instalase la mampostería. El armazón se retiraba una vez colocada la piedra o fraguado el cemento y decorado el techo. Ver Rabun TAYLOR, *Roman Builders: A Study in Architectural Process*, Cambridge University Press, Cambridge, 2003, pp. 174-211; ULRICH, *Roman Woodworking*, pp. 172-177.

50. Las metáforas arquitectónicas de Casiano no siempre son precisas (ver, por ejemplo, 9.2.1),

pero quizá se refiera a que los arquitectos tenían que construir tanto la cimbra interna como el encofrado exterior de la cúpula para dar forma a la argamasa de la cúpula (Taylor, *Roman Builders*, 199), de la misma manera que la persona debe concentrar sus pensamientos y sus actos en un solo centro divino.

51. Dado que la caza era el pasatiempo de las élites, el filósofo se burla de que san Juan acaricie a una presa en lugar de cazarla, pero en realidad él es el objeto de la burla, ya que la anécdota está teñida del esnobismo inverso de la cultura ascética de la Antigüedad tardía: los monjes no debían cazar, pero los filósofos tampoco. Ver Thomas Szabó, «Die Kritik der Jagd. Von der Antike zum Mittelalter», en *Jagd und höfische Kultur im Mittelalter*, Werner Röener ed., Vandenhoeck und Ruprecht, Gotinga 1997, pp. 167-229.